世界武器鉴赏系列

手枪与冲锋枪

鉴赏指南 （珍藏版）

（第2版）

《深度军事》编委会 编著

清华大学出版社
北京

内 容 简 介

本书精心选取了世界各国经典的近百种手枪与冲锋枪，涵盖了半自动手枪、全自动手枪、左轮手枪和冲锋枪等不同种类的枪械。为了增强阅读趣味性，并帮助读者更深刻地了解各类手枪与冲锋枪的差别，本书每种枪械的介绍都特意分为研发历史、枪体构造、性能解析、衍生型号、服役记录和10秒速识等多个板块，并详细罗列了各项参数。

本书内容结构严谨、分析讲解透彻，而且图片精美丰富，既适合广大军事爱好者阅读和收藏，也可以作为青少年的科普读物。

图书在版编目(CIP)数据

手枪与冲锋枪鉴赏指南(珍藏版)/《深度军事》编委会编著. —2版.—北京：清华大学出版社，2018（2024.4 重印）

（世界武器鉴赏系列）

ISBN 978-7-302-50963-9

Ⅰ.①手… Ⅱ.①深… Ⅲ.①手枪—世界—指南②冲锋枪—世界—指南 Ⅳ.①E922.1-62

中国版本图书馆CIP数据核字(2018)第185387号

责任编辑：李玉萍
封面设计：郑国强
责任校对：张术强
责任印制：杨 艳
出版发行：清华大学出版社

网　　址：https://www.tup.com.cn，https://www.wqxuetang.com
地　　址：北京清华大学学研大厦A座　　邮　编：100084
社 总 机：010-83470000　　邮　购：010-62786544
投稿与读者服务：010-62776969，c-service@tup.tsinghua.edu.cn
质量反馈：010-62772015，zhiliang@tup.tsinghua.edu.cn

印 装 者：涿州汇美亿浓印刷有限公司
经　　销：全国新华书店
开　　本：146mm×210mm　　印　张：10.5
版　　次：2015年7月第1版　2018年9月第2版　印　次：2024年4月第6次印刷
定　　价：49.80元

产品编号：078341-01

丛书序

FOREWORD

  国无防不立，民无防不安。一个国家、一个民族，最重要的两件大事就是发展和安全。国防是人类社会发展与安全需要的产物，是关系到国家和民族生死存亡的根本大计。军事图书作为学习军事知识、了解世界各国军事实力的绝佳途径，对提高国民的国防观念，加强青少年的军事素养有着重要意义。

  与其他军事强国相比，我国的军事图书在写作和制作水平上还存在许多不足。以全球权威军事刊物《简氏防务周刊》（英国）为例，其信息分析在西方媒体和政府中一直被视为权威，其数据库被各国政府和情报机构广泛购买。而由于种种原因，我国的军事图书在专业性、全面性和影响力等方面还存在明显不足。

  为了给军事爱好者提供一套全面而又专业的武器参考资料，并为广大青少年提供一套有趣、易懂的军事入门级读物，我们精心推出了"世界武器鉴赏系列"丛书，其内容涵盖现代飞机、现代战机、早期战机、现代舰船、单兵武器、特战装备、世界名枪、世界手枪、美国海军武器、二战尖端武器、坦克与装甲车等。

  本系列图书由国内资深军事研究团队编写，力求内容的全面性、专业性和趣味性。我们在吸收国外同类图书优点的同时，还运用了一些独特的表现手法，力图做到化繁为简、图文并茂，以符合国内读者的阅读习惯。

本系列图书内容丰富、结构合理，在引导读者熟悉武器历史的同时，还提纲挈领地介绍了各种武器的作战性能。在武器的相关参数上，我们参考了武器制造商官方网站的公开数据以及国外的权威军事文档，力图做到有理有据。每本图书都有大量的精美图片，配合别出心裁的排版方式，具有较高的观赏性和收藏价值。

前言
PREFACE

　　从冷兵器到热兵器，士兵手中的武器在不断革新，尤其是两次世界大战中，武器的变化更是日新月异。现今，枪械这种远距离作战的武器在战争中被广泛应用，小到手枪，大到重机枪，无一不让人对其爱恨交织。在现代枪械的大家族中，手枪和冲锋枪是外形最小巧的两名成员，虽然它们的威力没有步枪或机枪大，但仍在特定作战环境下发挥着其他枪械无法替代的作用。在枪械的发展史上，手枪是各个时代应用最广泛的枪种之一。手枪作为军官、普通士兵、后勤人员和特战队员的随身武器，无论战争如何现代化，都是必不可少的。为了适应现代战争的需要，许多结构独特、性能优良的新型手枪纷纷亮相。一战后期，为了能适应不同战场的需要，一种用于短距离冲锋的武器诞生了，它就是冲锋枪。冲锋枪虽然出现在一战时期，但在二战期间扬名万里，例如，"波波沙"冲锋枪、汤普森冲锋枪等。

　　本书精心选取了世界各国经典的近百种手枪与冲锋枪，涵盖了半自动手枪、全自动手枪、左轮手枪和冲锋枪等不同种类的枪械。为了增强阅读趣味性，并帮助读者更深刻地了解各类手枪与冲锋枪的差别，本书每种枪械的介绍都特意分为研发历史、枪体构造、性能解析、衍生型号、服役记录和10秒速识等多个板块，并详细罗列了各项参数。

本书紧扣军事专业知识，不仅引导读者熟悉武器历史，而且可以了解武器的作战性能，特别适合作为广大军事爱好者的参考资料和青少年朋友的入门读物。全书共分为5章，涉及内容全面合理，并配有丰富而精美的图片。

本书是真正面向军事爱好者的基础图书。全书由资深军事团队编写，力求内容的全面性、趣味性和观赏性。全书内容丰富、结构合理，关于武器的相关参数还参考了制造商官方网站的公开数据，以及国外的权威军事文档。

本书由《深度军事》编委会创作，参与本书编写的人员有杨淼淼、阳晓瑜、陈利华、高丽秋、龚川、何海涛、贺强、胡姝婷、黄启华、黎安芝、黎琪、黎绍文、卢刚、罗于华等。对于广大资深军事爱好者，以及有意掌握国防军事知识的青少年，本书不失为最有价值的科普读物。希望读者朋友们能够通过阅读本书循序渐进地提高自己的军事素养。

本书赠送的图片及其他资源均以二维码形式提供，读者可以使用手机扫描下面的二维码下载并观看。

目 录
CONTENTS

Chapter 1
手枪与冲锋枪漫谈

　　作为现代近战有效武器之一的手枪，经过长期的演变，已经发展成为种类繁多的现代手枪家族，并且性能和威力都有大幅度提高。一战期间，人们发现现有的手枪火力不足以应付战壕和城镇等狭窄空间内的火力需求，机枪又太笨重而无法展开，于是冲锋枪应运而生。

手枪的发展历程

　　手枪早期的历史和一般枪械史重复，都经历了由中国首先发明的"手铳"阶段以及此后的火绳枪、轮发枪、燧发枪等阶段。早期的手枪几乎都是单发手枪，19世纪线膛步枪成熟时，单手射击的手枪被认为不适合于作战，因其手枪威力较小，正好成为警察维持治安的武器。

中国发明的"手铳"

　　美国南北战争（1861年4月到1865年4月）爆发后，大量没有受过正规训练的民兵和游击队参加战斗，以暗藏的手枪接近敌人近距离发射杀敌。到了普法战争（1870年7月到1871年5月）时，手枪已发展为能发射金属子弹的小

欧洲最早的手枪

型武器。19世纪末，半自动手枪开始出现，当时左轮手枪的结构已经很完善，甚至著名的步枪和左轮手枪设计师都开始从事半自动手枪的设计，并为所在国的军队采用，但使用并不广泛。当步枪发展至发射专用弹药时，手枪也开发了其专用弹药。

20世纪初，半自动手枪的发展骤然加速。一战时的堑壕战中，手枪的地位完全被确定。当时的步枪需要以手动方式完成复进过程，而且尺寸过大不便在狭小的壕沟中战斗使用，手枪是一战初期唯一能在短时间发射的个人枪械。直到一战末期，冲锋枪、霰弹枪、火焰喷射器被作为堑壕战武器使用，才稍微降低了手枪的作用。

二战时期，在冲锋枪、机枪、手动步枪及半自动步枪大量出现的背景下，手枪变为军官及非前线人员的自卫武器或副武器，这种情况一直维持到现在。

士兵进行手枪射击训练

士兵使用现代手枪

士兵使用手枪执行作战任务

手枪的定义

　　手枪是能单手握持发射的小型枪械，使用专用的手枪弹药。手枪多用于近战和自卫，一般有效杀伤距离约50米。在军队中，手枪除配发军官或至少士官等具有指挥职责的人员外，大多都由空军飞行员、海军舰艇警卫、陆军炮兵等特殊军人佩带，携带的目的并非因为杀伤力，而是便于自卫及反击。世界各国的警察也大多以手枪为主要武器。

现代手枪与使用的子弹

手枪的分类

半自动手枪

半自动手枪又称自动装填手枪，它通过火药气体带动枪机，推动套筒后退，完成抛壳和上膛两个动作。扳机的手指即使按得时间长一点，也不会打出第二发子弹。一般的半自手枪指可以自动装填弹药、单发射击，用可拆式弹匣供弹，有空枪挂机装置，弹匣可携带6～15发子弹，部分型号甚至可装20发子弹的手枪。除了和其他手枪同样有大小的分类外，半自动手枪的击发和保险装置也不止一种形式，而且很多新式半自动手枪都兼有两种装置，还有一些采用特创的装置。

M9 半自动手枪

全自动手枪

全自动手枪常被称为冲锋手枪、突击手枪、机关手枪，是一种用途类似冲锋枪，可全自动发射的手枪。全自动手枪由于重量轻、尺寸小，在数十米内能发挥相当大的火力，可部分执行冲锋枪的传统任务。因此全自动手枪可配发给空降部队、小分队指挥员、侦察兵、汽车兵、炮手、导弹手、后勤人员以及公安防暴人员。

FN P90 全自动手枪

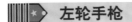

左轮手枪

左轮手枪是一种个人使用的多发装填非自动枪械。其主要特征是枪上装有一个转鼓式弹仓，其内有5～7个弹巢（大多为6个），枪弹装在巢中，转动转轮，枪弹可逐发对准枪管。左轮手枪在19世纪出现，因其可靠性高和威力强大而风靡一时。后来装弹量更多、体积更小的半自动手枪逐渐取代了左轮手枪。但左轮手枪因为性能可靠、便于维护和价格便宜等特点，目前在一些警用、运动射击和私人防卫的领域仍被人使用。

柯尔特"蟒蛇"左轮手枪

冲锋枪的发展历程

冲锋枪的设计需求最早来自一战中的堑壕战。当时无论是同盟国阵营和协约国阵营的士兵，都在寻求一种能在狭窄的壕沟战斗环境中进行高射速射击的全自动武器，他们希望这种武器能够拥有如同机枪一般的连射火力，同时体积也必须缩小到可由单兵携带并射击。

一战末期，德军为实行突击群战术的步兵配备了大量冲锋枪，并且成功对协约国军队造成了威胁，但是因为同期出现的美国战斗霰弹枪在火力上压倒了冲锋枪，而冲锋枪在战略上的优势仍未完全显露，一战便已经结束。因此冲锋枪并未在一战的战场上对当时步兵的作战方式产生全面性影响。

在二战中，冲锋枪成为欧美国家军队的主要装备，如美军"汤普森"冲锋枪和M3冲锋枪、德军MP40冲锋枪等，就连在二战前视冲锋枪为"土匪兵器"而不屑去生产的英国陆军，也在开战以后大量生产"斯登"冲锋枪，而苏联也以PPSh-41冲锋枪为主力，甚至比步枪更广泛地装备部队，有些部队更将PPSh-41冲锋枪作为唯一枪械。

美军"汤普森"冲锋枪

俄罗斯 PPSh-41 冲锋枪

以色列"乌兹"冲锋枪

二战末期，由德国率先研发的突击步枪成为轻武器发展史上的革命性发明。虽然突击步枪动摇了传统步枪以及冲锋枪在军队中的地位，但是冲锋枪在警用领域使用仍然相当广泛。不过，当时冲锋枪给人们的印象还是一种结构简单、精度不高的射击枪械，尤其是二战时工艺粗劣、故障频生，在射击精度上较更早的冲锋枪有所倒退。这种状况一直到了20世纪60年代后期才有所改观，德国黑克勒·科赫公司研发了著名的MP5系列冲锋枪，它在射击准确度以及整体的性能上比早期的冲锋枪有很大进步。

MP5冲锋枪在1980年的伦敦伊朗大使馆挟持人质事件中大出风头，执行任务的英国陆军特别空勤团手持MP5冲锋枪进行攻坚时的镜头经由大众媒体正式曝光后，获得了警方以及军方特种作战部门的赏识，至今仍然可在各国军警部队中发现MP5系列冲锋枪的身影。此外，近

士兵使用 MP5 冲锋枪进行射击训练

装备 MP5 冲锋枪的智利海军特种部队

装备意大利陆军的 M12 冲锋枪

代冲锋枪也引申出了其他作战枪械，如FN P90及HK MP7等个人防卫武器。

　　冲锋枪是一种单兵连发枪械，它比步枪短小轻便，具有较高的射速，火力猛烈，适于近战和冲锋时使用，在200米内具有良好的作战效能。冲锋枪的结构较为简单，枪管较短，采用弹容量较大的弹匣供弹，通常设有小握把，枪托一般可伸缩和折叠。20世纪80年代末以来，使用小口径步枪弹的短枪管自动（突击）步枪和集手枪、冲锋枪、步枪性能于一身的个人自卫武器也被划入冲锋枪范畴。

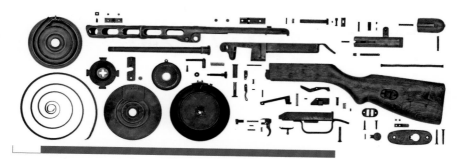

PPSh-41 冲锋枪分解图

MP40 冲锋枪分解图

Chapter 2
半自动手枪

　　半自动手枪是指仅能自动装填弹药的单发手枪。其子弹能与冲锋枪、冲锋手枪共用，而且射击时也比较舒适。作为自卫首选武器之一，不管是常规部队还是特种部队，几乎人人都会配备一把半自动手枪。

美国 M1911 手枪

M1911是美国柯尔特公司于20世纪初研制的一款半自动手枪。

研发历史

M1911的研制计划可以追溯至19世纪末。当时，美军在菲律宾和当地人发生武装冲突，美军装备柯尔特9毫米口径左轮手枪，但该枪性能不够理想，所以美军便决定研制一种新型手枪装备其军队。

1907年，美国正式招标11.43毫米口径手枪作为新一代的军用制式手枪，在对该手枪项目竞标中，柯尔特公司和萨维奇公司的手枪被美国军方选中，随后两家公司的产品便进入试验和改进中。在1910年年末的6000发子弹射击试验中，柯尔特的样枪射完子弹后没有出现任何问题，而萨维奇公司的样枪则出现37次故障，最后自然是柯尔特公司胜出。

基本参数	
口径	11.43 毫米
全长	210 毫米
枪管长	127 毫米
空枪重量	1105 克
有效射程	50 米
枪口初速	251.46 米 / 秒
弹容量	7 发

1911年3月29日，柯尔特公司的手枪正式成为美国陆军的制式手枪，定型为M1911。1913年，由于M1911半自动手枪的性能十分出色，也被美国海军和美国海军陆战队选为制式手枪。

M1911手枪左侧方特写

▎▎▎▎▶ 枪体构造

M1911手枪的基本操作原理是利用后坐力。子弹内发射药的燃烧气体将弹头推出枪管，此时锁在一起的枪管与套筒受后坐力开始向后滑。弹头射出后，枪管与套筒继续一起向后滑一小段距离。然后枪管尾端以铰链为轴向下摆动。

M1911采用了双重保险设计，其中包括手动保险和握把式保险。手动保险在枪身左侧，处于保险状态时击锤和阻铁都会被锁紧，套筒不能复进。握把式保险则需要用掌心保持按压力度才能保持战斗状态，松开保险后手枪就无法射击了。

M1911手枪分解图

性能解析

M1911半自动手枪性能优越，其11.43毫米的大口径子弹能够确保在有效射程内快速让敌人失去战斗能力，而且该手枪的故障率很低，不会在一些关键时刻掉链子，这两点对战斗手枪来说非常关键。此外，该手枪结构简单，零件数量较少，而且比较容易拆解，方便维护和保养。当然，M1911半自动手枪也有一些缺点，比如弹匣容量为7发，包括枪膛内的1发子弹，一共8发子弹，而且体积和重量稍大，后坐力也偏大。

M1911手枪是约翰·勃朗宁以枪管短行程后坐作用原理来设计的著名产品，其各种特点也影响着其他在20世纪推出的手枪。

M1911 手枪及弹匣

M1911 手枪使用的弹匣与子弹

服役记录

M1911手枪于1911年开始在美军服役，之后经历了两次世界大战和多场局部战争，实属名枪中的老枪。二战后，M1911系列仍然是美军部队的制式手枪，美国陆军特种部队在伊拉克战争中的自由伊拉克行动和持久自由军事行动都有采用。

黑色涂装的 M1911 手枪

10 秒速识

　　M1911手枪所有型号均标有UNTED STATESPROPERTY，序列号标于套筒座右侧。

柯尔特的金杯国家比赛版本的 M1911 手枪

美国 M9 手枪

M9手枪是意大利伯莱塔公司为美军设计的一款半自动手枪。

研发历史

1978年，美军提出需要采用一种新手枪，用以取代老旧的M1911手枪。之后多家著名枪械公司参加了选型试验。经过一番角逐，1985年1月，美军宣布伯莱塔92F胜出，并将其选为制式手枪，正式命名为

基本参数	
口径	9 毫米
全长	217 毫米
枪管长	125 毫米
空枪重量	952 克
有效射程	50 米
枪口初速	353.56 米 / 秒
弹容量	15 发

M9。1988年，M9发生了套筒断裂的事故，随后，伯莱塔公司按照美国陆军的要求进行了改进设计，按这种标准生产的92F被改称为92FS。至此，伯莱塔92FS（M9）手枪真正取代经典的M1911手枪，成为美军新的制式手枪。

枪体构造

M9手枪沿用92F的设计，采用短行程后坐作用原理、单/双动扳机设

计，以15发可拆式弹匣供弹。在
保险装置上，不再是过去的按钮
式，而是变成了摇摆杆。扳机护
圈的增大，即便是戴上手套扣动
扳机也非常顺手。2003年，美国
军方推出了M9的改进型，名为
M9A1，主要是加入了皮卡汀尼导
轨以对应战术灯、激光指示器及
其他附件。此外，还配发物理气
相沉积（PVD）胶面弹匣来提高
可靠性，以便在阿富汗和伊拉克
等的沙漠地区顺利运作。

M9 手枪后侧方视角

黑色涂装的 M9 手枪

性能解析

　　M9手枪维修性好、故障率低，据试验：枪在风沙、尘土、泥浆及水
中等恶劣战斗条件下适应性强，其枪管的使用寿命高达10000发。1.2米高

处落在坚硬的地面上不会出现偶发，一旦在战斗中损坏，较大故障的平均修理时间不超过半小时，小故障不超过10分钟。

M9 手枪上方视角

⫸ 服役记录

美军的M9在目前仍是主要制式手枪，在短时间内M9不会被大规模取代。《海军陆战队周报》（*Marine Corps Times*）在2007年报道美国海军陆战队所有上校以下军衔的军官及所有士官（Non-commissioned officers），将以M4卡宾枪取代M9手枪以适应目前的战场环境，但M9手枪仍将装备海军陆战队上校以上及海军比上士更高军衔的人员。目前，美国海岸防卫队以SIG P229做主要的防护用武器，但小量M9仍装备后备部队，而空军警卫队仍以M9作为主要防护武器。

枪盒中的 M9 手枪

▓▓▓▶ ★ 10 秒速识

M9手枪的套筒座，包括握把都是由铝合金制成的，握把外层的护板是木质的。

M9 手枪左侧方特写

M9 手枪及弹匣、子弹

 # 美国 MEU（SOC）手枪

MEU（SOC）手枪是由美国海军陆战队精确武器工场设计生产的一款半自动手枪。

研发历史

意大利伯莱塔公司为美军设计的M9手枪在战场上有着不俗的表现，但是作为美国本土士兵来说，他们还是更喜欢M1911手枪。为了能满足士兵的需求，20世纪80年代末期，美国海军陆战队上校罗伯特·杨对M1911手枪提出了一系列的改进建议。1986年，美国精密武器分部和陆战队步枪分队装备商接受M1911改进建议，这些改进后M1911手枪还没有正式的定型，一律称为MEU（SOC）手枪或MEU手枪。

基本参数	
口径	11.43 毫米
全长	209.55 毫米
枪管长	128.27 毫米
空枪重量	1105 克
有效射程	70 米
枪口初速	252.98 米 / 秒
弹容量	7 发

MEU（SOC）手枪上方视角

枪体构造

MEU（SOC）手枪是一把气冷式、弹匣供弹、枪管短行程后坐作用操作、单动操作的半自动手枪，由于它的组件都是由手工装配，因此不能互换。该手枪安装了一个纤维材料的后坐缓冲器，缓冲器可以降低后坐感，在高速射时尤其有利。但缓冲器本身似乎不太耐用，而且其上的小碎片容易积累在手枪里面导致产生故障，但大多数陆战队员认为这没多大问题，因为在陆战队里面所有的武器都能得到定时和充分的维护，但是这个装置还一直存在争议。

MEU（SOC）手枪与弹匣

服役记录

美国海军陆战队的队员在1983年入侵格林纳达、1989年入侵巴拿马、1992年索马里战争以及2001年的阿富汗战争、2003年的伊拉克战争中使用的手枪都是MEU（SOC）手枪。

10 秒速识

MEU（SOC）手枪武器序列号的最后四个数字分别印在枪管的顶部和套筒部件的右侧。早期的套筒在前端没有防滑纹，为了便于射手轻推套筒以确认膛内是否有弹，新的套筒在前面增加了防滑纹。

装上战术用具的 MEU（SOC）手枪

MEU（SOC）手枪右侧方特写

比利时 FN 57 手枪

FN 57手枪是由比利时FN公司设计生产的一款半自动手枪。

研发历史

　　FN 57手枪是比利时FN公司为了推广SS190弹而研制的半自动手枪，主要用于特种部队和执法部门。FN公司（法文全称：Fabrique Nationale d'Armes de Guerre，Herstal lez Liége，直译是：列日市赫斯塔尔国家兵工厂，后文统称为FN公司）针对美国市场将FN 57 手枪分成两种型号—USG型和IOM型。IOM型针对执法机构或军事人员使用，USG型则供美国的执法部门或平民使用。

基本参数	
口径	5.7 毫米
全长	208 毫米
枪管长	122 毫米
空枪重量	617 克
有效射程	50 米
枪口初速	716 米 / 秒
弹容量	10/20/30 发

FN 57 手枪前侧方特写

枪体构造

FN 57手枪是一种半自动手枪，采用枪机延迟式后坐，非刚性闭锁，回转式击锤击发等设计原理。扣动扳机时，首先装载击针簧，然后释放击针。除非扣动扳机，否则击针不会受到任何压力，因此该枪没有保险装置。它虽使用比普通手枪更长的枪弹，但握把设计很适合。

迷彩涂装的 FN 57 手枪

FN 57手枪采用延迟后坐式自动方式。射击时，枪管与套筒一起后坐，但枪管在枪弹的摩擦力下向前脉冲。随着弹头射出，枪管的摩擦力消失，套筒后坐一段短行程后停止。

▌▌▌▶ 性能解析

SS190弹由于弹壳直径小，重量轻，因此20发实弹匣的重量也只相当于9毫米手枪10发弹匣的重量。由于枪管较短，FN 57手枪发射SS190子弹的初速比FN P90冲锋枪发射时要低，但仍高达716米/秒，有极好的穿透力，在有效射程内能击穿标准的防弹衣。

加装消声器的 FN 57 手枪

▌▌▌▶ 衍生型号

型号	特点
Five-seveN	第一代手枪
Five-seveN Tactical	采用单动扳机，有保险装置
Five-seveN IOM	采用可调式照门，弹匣联动式保险装置
Five-seveN USG	调式照门，准星加高，弹匣采用联动式保险装置
Five-seveN MK2	采用一体式的金属滑盖,可调式和经改良后的照门与准星

FN 57 手枪及弹匣

▶ 服役记录

在比利时，FN 57手枪主要被用于国防军、联邦警察特别任务部队、特种部队等。其他使用FN 57手枪的国家还包括美国、英国、阿根廷、西班牙等。

▶ 10秒速识

FN 57手枪通过精心设计，首次在手枪套筒上成功采用钢-塑料复合结构。另外，该枪的击针室用机械加工，使用固定销固定在支架上，外面覆盖一层高强度工程塑料，然后表面再经过磷化处理。

FN 57 手枪及弹药

FN 57 手枪右侧方特写

 比利时 FN FNX 手枪

FNX手枪是FN公司旗下位于南卡罗来纳州哥伦比亚的美国分公司设计和生产的一系列半自动手枪。

基本参数	
口径	9 毫米
全长	187.96 毫米
枪管长	102 毫米
空枪重量	620.85 克
有效射程	50 米
枪口初速	430 米 / 秒
弹容量	17 发

研发历史

21世纪，FN公司一心想在手枪市场上独树一帜，于2006推出了FNP系列手枪。该系列手枪跟随新世纪手枪的潮流，采用轻量化材料、增大弹容量以及使用模块化设计等。虽然FNP系列手枪各方面的性能都很不错，但是其他公司的手枪也不差，这使它自推出后在手枪市场上一直不温不火。之后，位于美国南卡罗来纳州哥伦比亚的FN分公司对FNP手枪进行了大刀阔斧的改进，最终于2010年推出了FNX手枪。这种手枪在2010年SHOT Show（美国著名枪展）上首次亮相。

沙漠色涂装的 FN FNX 手枪

枪体构造

FNX系列手枪具有双手可以灵巧操作的大型保险/待击解脱杆、弹匣释放按钮和套筒锁（套筒释放装置、空枪挂机杆），与市场上许多的其他中央式底火手枪一样，都是使用枪管短行程后坐作用的手枪系统。它最主要的不同之处在是于枪管后退和开锁以及以后的枪管和套筒行程。以分离前计算，FNX的枪管和套筒行程的距离是其他的半自动手枪的两倍。这将有助于减少从手枪上感受到的后坐力。

FN FNX 手枪分解图

性能解析

在FN公司的打造下，FN FNX手枪各方面细节都非常完美，几乎找不到缺陷。而且它跟随时代潮流，采用高科技材料，使用新型设计，以及具有较大弹容量等。这些都是现代手枪必备的特征，而FN FNX手枪将它们完美地集于一身。

FN FNX 手枪及弹匣

服役记录

在美国，FN FNX手枪主要被仙谷警察局（Paradise Valley Police Department）在内的一些警察部门所采用。

FN FNX 手枪前侧方特写

10 秒速识

　　FN FNX手枪所有型号都具有凸出方格表面纹理和生产商标志的握把及套筒前后用以向后拉动的锯齿形防滑纹，设有一条整合在套筒下、底把扳机护圈前方的防尘盖用以安装各种战术灯、激光瞄准器和其他战术配件的MIL-STD-1913综合战术配件导轨、固定三点式大型战斗机械瞄具和套筒右侧的上膛显示杆。

FN FNX 手枪局部特写

比利时 FN M1900 手枪

M1900手枪是FN公司设计生产的一款半自动手枪，是世界上第一款有套筒设计的手枪。

研发历史

1897年，勃朗宁设计出了一种7.65×17毫米口径的枪弹，该手枪弹到欧洲后获得了比利时FN兵工厂的青睐。1899年，FN公司与勃朗宁合作开发出了发射7.65×17毫米口径枪弹的M1899手枪，该手枪于1900年被比利时政府正式采用，定名为M1900。

枪体构造

M1900由枪管、套筒、握把和弹匣组成，在结构布局上采用了复进簧上置而枪管下置的方式，这种布局的

基本参数	
口径	9 毫米
全长	172 毫米
枪管长	102 毫米
空枪重量	625 克
有效射程	50 米
枪口初速	290 米 / 秒
弹容量	8 发

黑色涂装的 FN M1900 手枪

最大优点是，使枪管轴线降低到与射手的持枪手虎口同高，射击时，后坐力几乎均匀地作用在持枪手虎口上。该手枪的枪机重量相对较大，与套筒的共同作用基本消除了射击时枪口上跳，使基础精准度进一步加大。

　　M1900的手动保险也设在套筒座左侧靠后的地方，当右手握枪时，拇指可以非常方便而平滑地拨动保险。当保险处于下方位置时，其上方露出FEU字样，表示解除保险，此时可以拉动套筒，推弹上膛并扣动扳机发射；当保险被拨向上方位置时，其下方露出SUF字样，表示手枪处于保险状态，此时不能拉动套筒也扣不动扳机。

M1900 手枪分解图

性能解析

　　从外形上看，M1900最大特点是外形扁薄平整、坚实紧凑、简洁明快、大小适中。在结构性能方面，M1900结构简单、动作可靠、保险确实，特别是在实际使用方面与安全可靠性方面的考虑甚为周到。

M1900 手枪右侧方特写

服役记录

　　M1900曾被许多名人拥有及出现在一些历史事件中。例如：美国总统西奥多·罗斯福曾经拥有一支M1900；欧根·舒曼在1904年刺杀沙俄芬兰总督尼古拉·伊万诺维奇·波别列科夫时所使用的武器也是M1900。

10 秒速识

　　M1900手枪枪管有6条膛线，套筒前端设有准星，后端有V形缺口照门。套筒前部有平行的上下两孔，上孔容纳复进簧，下孔容纳枪管，击针等部件在套筒后部。

M1900 手枪前侧方特写

M1900 手枪上方视角

比利时 FN M1935 手枪

　　FN M1935大威力手枪是由美国枪械发明家约翰·勃朗宁设计的一款半自动手枪。

研发历史

　　20世纪初，法国陆军要求FN公司设计一款手枪。为了确保FN公司在兵器行业中的地位，约翰·勃朗宁打算设计一种能够发射9×19毫米枪弹的大威力自动手枪。随后他在美国一个工作室里开始了新枪的设计，短短几十天的时间，便设计出了两种型号的手枪，其中后设计出来的那一种就是M1935的原型。该枪首次采用了弹容量高达15发的双排弹匣，FN公司对这支枪表现出了浓厚的兴趣。几经修改后，于1929年定型，并命名为FN M1935。

基本参数	
口径	9 毫米
全长	197 毫米
枪管长	118 毫米
空枪重量	1000 克
有效射程	50 米
枪口初速	335 米 / 秒
弹容量	10/13 发

FN M1935 手枪

枪体构造

FN M1935手枪使用单动操作式设计，并且装有手动保险装置。与现代的双动操作半自动手枪不同的是，大威力手枪的扳机与击锤并没有联动关系，因此不能实现扣扳机待击。

FN M1935手枪采用了枪管短行程后坐作用操作原理和枪管摆动式闭锁装置，枪管和套筒最初因受到后坐力而后移，直到枪管膛室下方的一个凸耳装置解锁，使枪管与套筒分离。与勃朗宁设计的早期型柯尔特M1911手枪不同的是，枪管并非由铰链的牵引下垂直摆动闭锁和开锁，而是由穿过枪管以下的手枪底把和在枪管最后面膛室部分下方底把开闭锁凸耳插槽的硬化套筒连接栓轴来实现。

FN M1935 手枪前侧方特写

性能解析

　　FN M1935手枪是世界上第一种采用大容量可拆卸式双排弹匣的军用型手枪。其新设计的可拆卸式双排弹匣结构上为子弹双排左右交错排列，能够装填13发9×19毫米手枪子弹，其弹容量为柯尔特M1911的近一倍，作为一把军用型手枪而言是非常理想的。

FN M1935 手枪

服役记录

　　FN M1935手枪刚开始生产不久，二战爆发。在此期间，FN M1935手枪被盟军和轴心国交战双方部队作为辅助武器所采用。在二战结束后，FN公司逐渐恢复并且继续生产FN M1935手枪，并被50支军队（93个国家）所采用并且作为军用制式手枪，使FN M1935手枪在战后更为流行。

FN M1935 手枪及弹匣

10 秒速识

FN M1935手枪最初具有两款型号：一种是装有固定式瞄准具的"普通型"，另一种是具有可调节式切线式表尺的"照门可调型"，后者还配有开槽式握把用以将木制枪托装在握把凹槽里。现在生产的FN M1935手枪有更多瞄准具种类选择。

黑色涂装的 FN M1935 手枪

德国 HK Mk 23 Mod 0 手枪

HK Mk 23 Mod 0手枪是由HK设计生产的一款半自动手枪。

研发历史

20世纪80年代，美国特种作战司令部为加强下属特战队员的作战能力，向外发出了新型手枪的招标信息。1980年，德国HK公司带着他的新型手枪同其他公司的一起参与了此次招标竞争。在经过测试之后，HK公司对HK Mk 23 Mod 0手枪经过一些少量改进。第一批MK 23 Mod 0在生产完毕后，于1996年5月1日运送到美国特种部队司令部。

基本参数	
口径	11.43 毫米
全长	245 毫米
枪管长	149 毫米
空枪重量	1210 克
有效射程	25 米
枪口初速	260 米 / 秒
弹容量	12 发

HK Mk 23 Mod 0 手枪前侧方特写

枪体构造

HK Mk 23 Mod 0手枪手动保险的位置是在大型待击解脱杆的后部，而弹匣释放按钮的位置是在扳机护圈的后部，并且两者都被特别设计得很大，以便双手的大拇指能够直接操作和戴上手套射击时轻松上弹。设于左侧的大型待击解脱杆在手动保险的前部，能降低外置式击锤以锁上全枪。复进簧之中安装上了一个申请了专利的后坐力缓冲部件以降低射击时的后坐力，从而提高精确度。

加装消声器的 HK Mk 23 Mod 0 手枪

性能解析

在严格的测试中，Mk 23 Mod 0手枪在恶劣环境下不仅有着特别高的耐久性、防水性和耐腐蚀性，而且可以发射数万发子弹，枪管不会损坏或需要更换，完全符合特种部队作战的要求。虽然Mk 23 Mod 0具有极高精度等优点，但是它在尺寸和重量两方面都实在过大和过重，因此降低了其在防守作战中的通用性、舒适性以及拔枪速度。

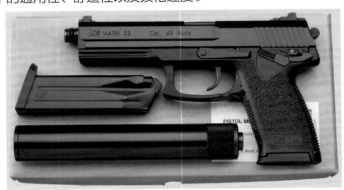

HK Mk 23 Mod 0 手枪及配件

服役记录

HK Mk 23 Mod 0手枪目前被德国联邦警察第九国境守备队及德国联邦国防军特种部队司令部所采用。除了德国外，美国、加拿大、波兰等国也同样装备了HK Mk 23 Mod 0手枪。

装备美国特种部队的 HK Mk 23 Mod 0 手枪

▶ 10 秒速识

　　HK Mk 23 Mod 0 手枪使用一根特制的六边形膛线设计和枪膛镀铬的枪管，目的在于提高准确性和耐用性。它还有一个设于枪身两边的手动保险和弹匣卡笋，使双手皆能轻松操作。

HK Mk 23 Mod 0 手枪上方视角

德国 HK USP 手枪

USP手枪（USP为Universal Self-loading Pistol的缩写，意为：通用自动装填手枪）是HK公司设计生产的一款半自动手枪。

研发历史

20世纪中后期，HK公司先后推出了不少性能优越的手枪，例如HK4、P7和P9S手枪等。这些手枪占据了德国军警大部分市场，也为HK公司带来了大量的金钱收入。但是该公司并没有得意忘形，反而是静心"修炼"以便设计出更好的手枪。另一方面，20世纪90年代，手枪开始偏向轻量化，采用聚合物料。于是，HK公司为能跟上潮流，抢占市场，推出了HK USP手枪。

基本参数	
口径	9/10/11.43 毫米
全长	194 毫米
枪管长	108 毫米
空枪重量	748 克
有效射程	50 米
枪口初速	340 米 / 秒
弹容量	12/13/15 发

▌▌▌▶ ★ 枪体构造

　　USP手枪由枪管、套筒座、套筒、弹匣和复进簧组件5个部分组成，共有53个零件，撞针保险和击锤保险为模块式，且扳机组带有多种功能，能依射手的习惯进行选择。USP首创了护弓前缘多用途沟槽，可加挂专用的激光标定瞄准器或强光手电筒，这使其成为第一把拥有完整配件以执行反恐与特种任务的枪种。

HK USP 手枪前侧方特写　　　　　黑色涂装的 HK USP 手枪

▌▌▌▶ ★ 性能解析

　　USP手枪9毫米型号的载弹量为15发，10毫米和11.43毫米型分别为13发和12发，相较其他手枪有载弹量大的特点。该枪的结构合理，动作可靠，经过双重复进簧装置抵消后坐力，其快速射击时的精度也大大提高，而且还可加装多种战术组件，大大增强了在特殊环境下的作战性能。

枪盒中的 HK USP 手枪

服役记录

HK USP手枪虽常常被世界各国的警察作为配枪，但也有军队装备使用。世界上有两个军队装备了改装过的USP，分别为希腊及马来西亚的军队。HK公司根据协议，允许双方改枪，而马来西亚版本则供第10伞兵团使用。马来西亚皇家警察也使用发射9毫米鲁格弹的USP战术型及紧凑型手枪，并且给底下的特别行动指挥部精英使用。

HK USP 手枪及弹药

10 秒速识

USP手枪的枪身由聚合塑胶制成，为避免滑套与枪身重量分布不均，在枪身内衬了钢架以降低重心。其滑套是以整块高碳钢加工而成，表面经过高温和氮气处理。

加装消声器的 HK USP 手枪

德国 HK 45 手枪

　　HK 45是由德国HK公司于2006年设计，2007年生产的一款半自动手枪。

研发历史

　　HK 45手枪的设计是为了满足美军"联合战斗手枪"计划之中的各项要求。该计划打算为美国特种部队更换一种可以发射11.43毫米口径ACP普通弹、比赛级弹和高压弹的半自动手枪，并且取代M9手枪。

　　不过，"联合战斗手枪"计划在2006年被中止，目前，M9手枪仍然是美军的制式手枪。但HK公司继续改进HK 45，并把它投入商业、执法机关和军事团体市场。

基本参数	
口径	11.43 毫米
全长	191 毫米
枪管长	115 毫米
空枪重量	784 克
有效射程	40 ～ 80 米
枪口初速	260 米 / 秒
弹容量	10 发

加装消声器的 HK 45 手枪

枪体构造

　　HK 45基本上是HK USP45和HK P2000手枪的综合改进型，并借用了一些HK P30的改进要素，所以HK 45具有以上手枪的许多内部和外部特征。与P2000一样，HK 45也有可更换的握把背板，以适应使用者手掌大小。为了更加符合人体工学，HK 45使用容量10发的专用可拆式双排弹匣。HK 45全枪分解以后只有六大部件，包括套筒组件、枪管组

HK 45 手枪及枪盒、弹药

件、复进簧组件、握把组件和弹匣组件。

性能解析

　　HK 45手枪大量使用了新型材料和新技术加工工艺，加上良好的人机工效设计，从而使该枪的操作十分方便快捷，并且具有优良的功能扩展性。

黑色涂装的 HK 45 手枪

衍生型号

型　号	特　点
HK45 紧凑型	使用容量为 8 发的弹匣供弹
HK45 战术型	枪口装上延长螺纹的枪管以安装消声器
HK45 紧凑战术型	HK45 战术型的紧凑型

HK 45 手枪及弹匣

▌▌▌▌▶ 服役记录

　　HK 45手枪的用户众多，其中美国为主要用户，主要被美国海军特种作战司令部、美国海军特种作战研究大队、海豹部队等使用。

▌▌▌▌▶ 10秒速识

　　HK 45手枪最明显的外表变化是略向前倾斜的套筒前端，在扳机护圈前方有皮卡汀尼导轨，握把前方带有手指凹槽。

HK 45 手枪及配件

HK 45 手枪

德国瓦尔特 PP/PPK 手枪

瓦尔特PP是由德国卡尔·瓦尔特运动枪有限公司制造的半自动手枪，瓦尔特PPK是瓦尔特PP的改良型。

研发历史

一战结束后，作为战败国，德国受到了很多限制，其中一条就是枪械的口径不得超过8毫米，枪管长不得超过100毫米。鉴于此，瓦尔特公司于1929年开发了一种具有划时代意义的自动手枪——瓦尔特PP。1930年，为了满足高级军官、特工、刑事侦探人员的需求，瓦尔特公司又在PP手枪的基础上推出了PPK手枪。

基本参数	
口径	9 毫米
全长	170 毫米
枪管长	98 毫米
空枪重量	665 克
有效射程	30 米
枪口初速	256 米 / 秒
弹容量	8 发

瓦尔特PP系列手枪的设计非常成功，其常青树般的生命力就已经充分地说明了这点，它对二战后的手枪设计产生了极大的影响。直到今天，瓦尔特公司仍然在继续生产这两款手枪。

瓦尔特 PPK 手枪及弹匣、子弹

▶ 枪体构造

瓦尔特PP/PPK构成了一个适合于特殊工作需要的自卫手枪族，它们的结构极为简单，两款枪的零件总数分别是42件和39件，而其中可以通用的零件为29件。瓦尔特PP/PPK采用外露式击锤，配有机械瞄准具。两者都使用7.65毫米柯尔特自动手枪弹。

瓦尔特 PP 手枪

▶ 性能解析

瓦尔特PP/PPK采用自由枪机式工作原理，枪管固定，结构简单，动作可靠。瓦尔特PP/PPK手枪的成功在于它把左轮手枪的双动发射装置，与自动手枪结合在一起，实现了划时代的历史性跨越。

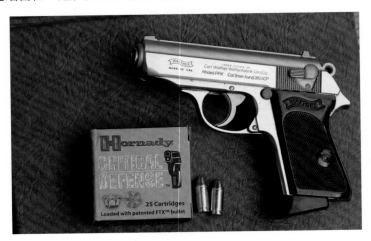

瓦尔特 PPK 手枪及弹药

服役记录

　　在瓦尔特公司被迫停止生产PP/PPK手枪后，便允许其他国家对其进行仿制。法国、美国、巴基斯坦、罗马尼亚及土耳其都曾获授权生产或私自仿制瓦尔特PP/PPK手枪，其中部分国家及一些小厂至今仍然在生产。这两种手枪是007系列电影中的常客，虽然两者都已经诞生了80多个年头，但仍是小型手枪的经典之作。

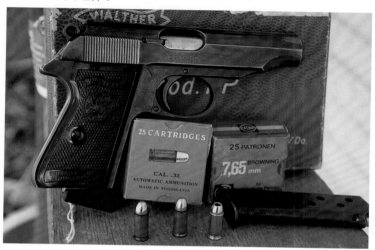

瓦尔特 PP 手枪及配件

10 秒速识

　　瓦尔特PP/PPK手枪套筒左右都有保险机柄，套筒座两侧加有塑料制握把护板。弹匣下部有一塑料延伸体。

瓦尔特 PP 手枪

德国瓦尔特 PPQ 手枪

PPQ手枪（PPQ是Polizei-Pistole Quick Defense的简写，意为：警用快速防御手枪）是瓦尔特公司为德国执法部门所设计生产的一款半自动手枪。

研发历史

"快速防卫型"扳机是瓦尔特公司自主研发的一种新型扳机系统，有着不错的实用性。该公司为将这种系统发扬光大，需要一种新型手枪装置"快速防卫型"扳机。另一方面，德国军警和平民对瓦尔特公司的产品非常信赖，都支持其研发新型扳机系统手枪。2011年，瓦尔特公司最终推出了"快速防卫型"瓦尔特PPQ手枪。

基本参数	
口径	9 毫米
全长	180 毫米
枪管长	102 毫米
空枪重量	615 克
有效射程	50 米
枪口初速	408 米 / 秒
弹容量	10/15/17 发

枪盒中的瓦尔特 PPQ 手枪

2015年10月，瓦尔特又推出了发射.45 ACP口径型手枪子弹的型号。

🔫 枪体构造

　　瓦尔特PPQ手枪是一款枪管短行程后坐闭膛式半自动手枪，使用的闭锁系统是从FN M1935手枪改进的凸轮闭锁系统。瓦尔特PPQ设有三个保险装置，即扳机保险、内置式击针保险和快速保险功能。该枪套筒、抛壳口上方的开口具有上膛指示器，如果膛室内装弹的话，使用者可以通过该开口看到。该手枪内装有一根传统型阳膛和阴膛枪管，子弹通过这种枪管时非常稳定，不会"东倒西歪"。枪管下方的复进簧导杆尾部加装了一个蓝色聚合物帽，既能减少枪管与复进簧导杆尾部接触位置的摩擦损耗，也能够防止使用者在维护手枪后，安装复进簧导杆时出现如倒装的装置问题。

瓦尔特 PPQ 手枪不完全分解

🔫 性能解析

　　PPQ手枪是老牌枪械公司瓦尔特新时代的作品，在继承过去优秀手枪特性的同时，还使用了新型技术。"新旧结合"让该枪作战性能优秀，可靠性优良，实属一把"攻守"兼备的武器。

瓦尔特 PPQ 手枪前侧方特写

衍生型号

型号	特点
PPQ 战术海军型	具有一个已经被修改为靠近水和水中环境操作的发射装置
PPQ 战术海军消声型	具有一根连枪口螺纹的 118 毫米特殊长枪管用以安装消声器
PPQ 初版	在美国上市的一款衍生型

瓦尔特 PPQ 手枪上方视角

服役记录

瓦尔特PPQ手枪由瓦尔特公司为民间射击、安全部队和执法机关使用而设计，逐步替代了过去的瓦尔特P99手枪。

瓦尔特 PPQ 手枪及配件

PPQ手枪套筒、抛壳口上方的开口具有上膛指示器，如果膛室内装弹的话，使用者可以通过该开口看到。该枪有一个玻璃钢增强聚合物材料制造的底把和钢制套筒组件。所有金属表面都经过镍铁表面处理。

瓦尔特 PPQ 手枪

德国瓦尔特 P38 手枪

瓦尔特P38（Walther P38）是由德国瓦尔特公司为德国军队研制的一款9毫米口径半自动手枪。

 研发历史

P38的概念于1938年被德国军方采纳，其后，瓦尔特公司开始在位于策拉-梅利斯的工厂生产这些"试验型"手枪，这些手枪的序列编号均由"0"

字开头。而第三系列手枪则根据德国陆军的要求解决了没有外露击锤的问题，并在1940年中期投入大规模生产。瓦尔特P38于1938—1963年期间生产，但在1945—1957年期间却暂停了生产。后来因西德需要重建其军队，瓦尔特公司开始重新生产，以满足德国联邦国防军的需求。

基本参数	
口径	9 毫米
全长	216 毫米
枪管长	125 毫米
空枪重量	800 克
有效射程	50 米
枪口初速	365 米 / 秒
弹容量	8 发

瓦尔特 P38 手枪右侧方特写

枪体构造

瓦尔特P38是史上第一种采用闭锁式枪膛的手枪。击发后，火药气体将闭锁在一起的枪管和套筒后推，经过自由行程后，弹膛下方凸耳内的顶杆抵在套筒座上，并向前撞击闭锁卡铁后端斜面迫使卡铁向下旋转，使上突笋离开套筒上的闭锁槽，实现开锁。该手枪还有一个安全可靠的双动系统，这样即使膛内有弹也不会发生意外。

瓦尔特 P38 手枪上方视角

性能解析

　　P38手枪是一种双重制动性武器，在装上弹药、竖起击铁后，可以再松下击锤，然后在任何时候都可以迅速地扳起击铁并扣动扳机打出枪膛内的子弹。在紧急情况下，迅速开火比瞄准更重要，该枪仅须简单的扣动扳机就可以完成竖起击铁和射出枪膛里的子弹这一系列动作。

服役记录

　　P38手枪是二战中使用最广泛的手枪之一。二战后，随着德国的战败，P38手枪的辉煌时代也宣告结束。

瓦尔特 P38 手枪及枪套

瓦尔特 P38 手枪

10 秒速识

瓦尔特P38手枪枪身的铭文内容标于套筒左侧，序列号标于套筒左侧以及套筒座左侧、扳机护圈前方。保险位于套筒后部左侧，弹匣扣位于握把左侧、扳机后方。

瓦尔特 P38 手枪不同角度特写

德国瓦尔特 P99 手枪

瓦尔特P99是德国瓦尔特公司研制的一款9毫米口径的半自动手枪。

研发历史

P99是瓦尔特P5和瓦尔特P88手枪的后继产品，以瓦尔特P88的结构为基础改进而成，1994年开始设计，并在1997年正式推出的一种现代化的警用及民用手枪。

基本参数	
口径	9 毫米
全长	180 毫米
枪管长	102 毫米
空枪重量	710 克
有效射程	50 米
枪口初速	408 米 / 秒
弹容量	10/16 发

瓦尔特 P99 手枪及弹匣、子弹

枪体构造

瓦尔特P99手枪采用枪管短行程后坐原理，使用特殊材料制作而成，所有控制部件(套筒卡笋、弹匣扣和待击解脱按钮)都适合左右手使用。滑套表面的硬度极高，具有很强的抗磨损、抗金属疲劳和抗锈

瓦尔特 P99 手枪不完全分解图

蚀性。它的瞄准器可进行风偏调整和上下瞄准调整，而且新推出的版本还可以加装战术手电和光束指示器。

▶ 衍生型号

型 号	特 点
P99 AS	原型版本，装有单双动扳机
P99 DAO	纯双动扳机版本，在 2002 年推出
P99 QA	2000 年推出，装有格洛克手枪式击针装置
P99 Q	警用版本，专门为德国本土及外国的执法部门制造
P99 C	2004 年推出 AS、DAO 及 QA 的紧凑型版本
P99 RAD	在波兰进行授权生产的版本

▶ 服役记录

P99手枪被德国北莱茵—威斯特法伦州，莱茵兰—普法尔茨州的警方广泛采用。还被波兰警方和芬兰军队特种部队和军事警察等部门使用。

瓦尔特 P99 手枪前侧方特写

枪盒中的瓦尔特 P99 手枪

▶ 10 秒速识

P99手枪有三个大小不同的握把背板，通过更换这个嵌件可调整握把尺寸以适合不同的手形。握把背板采用有弹性的聚氨酯制成，滑套为经过氮化的钢材制作。

瓦尔特 P99 手枪

 德国毛瑟 HSC 手枪

　　HSC手枪是由德国毛瑟（Mauser）公司设计生产的一款半自动手枪，属于袖珍型手枪。

研发历史

一战结束后，德国瓦尔特公司推出了PP/PPK手枪，并获得成功之后，毛瑟公司也想在袖珍型手枪市场上占有一席之地，开始设计类似的手枪，虽然该公司在这之前也有属于自己的袖珍型手枪，但其外观和性能实属一般。20世纪30年代，毛瑟公司在参考了其他成功的袖珍型手枪之后，结合自己对该类型武器的理解，推出了HSC手枪。

毛瑟公司手枪的理念是，在保证手枪不降低其功能的前提下，尽可能减少枪械零件，而HSC手枪充分地体现了这点。该手枪很多活动件都具备两个或两个以上功能，例如无弹匣保险也可起到空仓挂机和抛壳挺的作用。

基本参数	
口径	7.65 毫米
全长	165 毫米
枪管长	86 毫米
空枪重量	596 克
有效射程	40 米
枪口初速	290 米 / 秒
弹容量	8 发

黑色涂装的毛瑟 HSC 手枪

枪体构造

与早期复杂而精致的军用武器不同，HSC手枪内部零件尽可能采用了冲压加工件，而且采用琴用钢丝弹簧代替较昂贵的机械加工弹簧，使其成为一支简洁而粗犷的手枪，适合大批量生产。因为HSC手枪扳机是双动，所以扳机可以处于两个位置：一个是双动击发位置，另一个是更加靠后的单

HSC 手枪分解图

动击发位置。握把的设计也有很好的人机功效。其后部向内凹陷的弧度非常大，有助于射手握持。

▶ 性能解析

　　HSC手枪流线型的外观使其具有强大的视觉冲击力，使用7.65毫米口径弹药，威力较大，因此受到高度评价。不过该手枪在市场竞争中败于瓦尔特双动系列手枪，因此毛瑟公司开始对之改进，改进后的HSC手枪于1940年开始生产。

▶ 服役记录

　　二战期间，德国军队和警方曾大量装备这种手枪，尽管精加工受当时条件的限制，但它仍不失为一种设计合理、操作良好的手枪。

HSC 手枪及弹匣

HSC 手枪右侧方特写

▶ 10 秒速识

　　HSC手枪的套筒前方下部带有一个斜面，与下方套筒座很好地结合在一起。套筒左侧刻有毛瑟商标与Mauser-Werke A.G.Oberndorda N Mod Hsc Kal 7.65mm铭文。套筒右侧的抛壳窗后露出一个很短的抽壳钩。套筒顶部带有一条很长的防反光纹，

HSC 手枪枪口特写

点状准星与凹型缺口照门分别在套筒两端。套筒后部左右两侧各带有20条纵向防滑纹。

俄罗斯马卡洛夫 PM 手枪

马卡洛夫PM手枪是由苏联设计师尼古拉·马卡洛夫设计的半自动手枪。

研发历史

1950年，苏联军事专家马卡洛夫发现手枪在战场上的使用率极低，这是因为手枪通常提供给军官自卫之用，当时装备的托卡列夫手枪体积过大使用不便，而且这款手枪的设计已经显得过时。

于是，马卡洛夫便以德国的瓦尔特PPK手枪为基础，研制出了马卡洛夫PM手枪。

基本参数	
口径	9 毫米
全长	161.5 毫米
枪管长	93.5 毫米
空枪重量	730 克
有效射程	50 米
枪口初速	315 米 / 秒
弹容量	8 发

马卡洛夫 PM 手枪前侧方特写

枪体构造

马卡洛夫PM手枪的结构与瓦尔特PPK手枪基本相同，其分别主要在6个地方。第一，马卡洛夫PM手枪为左旋复进簧。第二，马卡洛夫PM手枪的击锤头与PPK不同。第三，马卡洛夫PM手枪没有子弹上膛显示器。第四，马卡洛夫PM手枪的弹匣卡笋设在握把底部。第五，马卡洛夫PM手枪将击发弹簧改为弹片。第六，马卡洛夫PM手枪有滑套卡笋，在最后一发子弹射出后弹匣托扳会顶住卡笋，使滑套停留在后方。

马卡洛夫PM手枪为单动/双动式扳机设计，在完成装填和上膛

马卡洛夫 PM 手枪、弹匣及子弹

后，此枪能够在击锤扳起和锁上保险的状态下携带。在双动模式时，射手在打第一枪，扣动扳机的同时会使击锤扳起，故这种枪所需的扳机压力较大。而随后的射击则会透过其反冲作用的循环而完成抛壳、重新上弹和令击锤扳起的过程。而在单动模式时其扳机压力则较少。

马卡洛夫 PM 手枪及弹匣

性能解析

马卡洛夫PM手枪为一种半自动手枪，其射速取决于射手每次扣动扳机的速度。该手枪零件简单，而且不易损坏，能够以少许工具就能完成更换。有别于托卡列夫手枪，马卡洛夫PM手枪能够更简单地完成野战分解，并不需借助任何工具就能重新组装。而整个过程用不了一分钟。

衍生型号

型 号	特 点
PMM	使用了更大的滑套，加强复进簧
Izh-71	外销型，发射 .380 ACP 枪弹
Baikal-442	外销型，发射原枪的弹药
MP-654K	发射 4.5 毫米口径钢珠的气动手枪版本

服役记录

马卡洛夫PM手枪于1951年开始装备部队，用以替换ＴＴ-33式手枪，是苏军和华约组织各国军队当时的制式手枪，后来还广泛装备警察。由于该枪体积小，重量轻，一般被中级以上军官佩带，所以又叫作"校官手枪"。该枪应用广泛，生产量大，是世界上的一支名枪，也是当年同时代最好的紧凑型自卫手枪之一。

马卡洛夫 PM 手枪及枪套

马卡洛夫 PM 手枪及其他武器

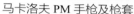 **10 秒速识**

　　马卡洛夫PM手枪具有一根没有击针弹簧和击针阻块的自由浮动式击针，使用固定枪体连接枪管。

俄罗斯 GSh-18 手枪

GSh-18手枪是专为近距离战斗设计的一款军用半自动手枪。

研发历史

1998年夏季，格里亚泽夫等人以P96手枪为原型设计了一种新型手枪，也就是GSH-18。同年该枪还参加了俄罗斯从1993年开始的军队新型手枪试验。两年后，GSH-18开始进行全方位的测试，测试后又进行了一些改进和完善。2001年，GSH-18被俄罗斯司法部特种部队、内政部和军队特种部队所采用，并开始向国外出口。

基本参数	
口径	9 毫米
全长	184 毫米
枪管长	103 毫米
空枪重量	470 克
有效射程	50 米
枪口初速	535 米 / 秒
弹容量	18 发

2003年，GSh-18被俄罗斯军队和执法机关的各个部队所采用，与MP-443"乌鸦"一样作为制式手枪。2011年，俄罗斯还研发了一款民用型GSh-18，并且使用经过修改的扳机和击针，以遵守俄罗斯枪械法律。

保存在博物馆中的 GSh-18 手枪

枪体构造

　　GSh-18手枪采用"预设型击针"系统，击针在套筒复进过程中先与阻铁咬合并初步压缩击针簧。扣动扳机后扳机连杆带动阻铁连同击针向后继续运动一段距离后最终释放击针向前。GSh-18采用了枪管短行程后坐作用，以及一个枪管凸轮偏转式闭锁结构。为了操作简便，GSh-18没有设置手动保险，而是采用另外四道保险，分别是：扳机保险、不到位保险、击针阻铁连锁装置保险和防早发保险。

GSh-18 手枪不完全分解

性能解析

GSh-18手枪是专为近距离战斗设计的军用半自动手枪，具有体积小、质量轻、弹匣容弹量大和射击稳定性好等优点，是俄罗斯乃至世界新一代军用手枪中的佼佼者。

GSh-18 手枪后侧方特写

衍生型号

型 号	特 点
GSh-18 战术修改型	使用塑料弹匣，改变了扳机护圈的形式
GSh-18S "运动"型	GSh-18 的民用型版本
GSh-18S "运动Ⅱ"型	扳机设计简化（取消了预设式扳机），弹匣容量恢复为 18 发
GSh-18T 型	只能发射 .45 口径橡胶子弹类弹药

GSh-18 手枪及弹匣

▎▎▎▎⭐ **服役记录**

　　俄罗斯多个执法机关已经装备了GSh-18，该枪最受俄罗斯警察，特别是车辆检查人员的欢迎。

▎▎▎▎⭐ **10 秒速识**

　　GSh-18手枪枪管外表面具有10个组成环状、分布均匀的锁耳，套筒和枪管由不锈钢所制造。

GSh-18 手枪上方视角　　　　　　　　GSh-18 手枪前侧方特写

意大利伯莱塔 Px4 Storm 手枪

Px4 Storm手枪是伯莱塔公司为个人防卫和执法机关使用而设计和生产的半自动手枪。

研发历史

20至21世纪，伯莱塔公司先后凭借92系列和90TWO手枪在欧洲和南美洲市场占据大部分份额，尤其是在美国，从特种部队至民间射手，都对伯莱塔公司的产品有好感。但是，该公司一直不设计新产品，致使一些老用户开始抱怨，甚至选择其他公司的产品。得知这一信息之后，伯莱塔公司为了稳住市场，推出了Px4 Storm手枪。

基本参数	
口径	9 毫米
全长	193.04 毫米
枪管长	101.6 毫米
空枪重量	785.28 克
有效射程	100 米
枪口初速	360 米 / 秒
弹容量	10/20 发

伯莱塔 Px4 Storm 手枪及弹匣、子弹

枪体构造

伯莱塔Px4 Storm是一把枪管短行程后坐作用和后膛装填操作的半自动手枪。这种手枪使用枪管偏转式闭锁系统，具有两个闭锁凸笋，枪管会在套筒后坐时紧随着导槽旋转以使枪管本身开锁。枪管会因为安装在其底部的销子装置和嵌入在钢制枪身内的凹式导槽控制它而旋转。袖珍型在枪口处的枪管直径稍大一些，保证枪管每次复进时都能回到同一位置，以提高射击精度。

Px4 Storm手枪的特点是安装在套筒顶部的燕尾槽里、可以更换和发光的三点式准星瞄准系统，在用于夜间瞄准的白点上还涂上了超级夜光涂料，以便在黑暗或光线不足的情况下快速捕捉目标。只要曝露于任何类型的光线一段短时间，用于夜间瞄准的白点就有着长达30分钟的黑暗中发光时间。该手枪还在套筒下、底把的扳机护圈前方整合了一条MIL-STD-1913式战术灯安装导轨，以安装各种战术灯、激光瞄准器和其他战术配件。

伯莱塔 Px4 Storm 手枪不完全分解图

性能解析

为了提高Px4 Storm手枪的通用性，有一些零部件采用模块化设计，这些部件包括：后方握把片、弹匣释放按钮、套筒阻铁和击锤部件机构。Px4 Storm手枪的设计使它不可能在不完全分解或重新组装时出现错误。Px4 Storm手枪是伯莱塔公司的转型之作，并大获成功。

伯莱塔 Px4 Storm 手枪左侧方特写

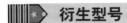

▌▌▌▶ ★ 衍生型号

型号	特点
C 型	具有纯双动操作扳机
D 型	没有外置式击锤、手动安全保险／待击解脱杆
F 型	具有单／双动操作扳机
G 型	没有手动安全保险
Px4 Storm Inox 型	不锈钢套筒的 Px4 Storm 标准型
Px4 Storm 紧凑型	套筒和握把尺寸在全尺寸型和袖珍型之间
Px4 Storm 袖珍型	采用了枪管摆动式系统

▌▌▌▶ ★ 服役记录

Px4 Storm手枪主要作为执法机构用枪，服役于加拿大边境服务局、南非警察局、委内瑞拉国民警卫队、美国警方等部门。

伯莱塔 Px4 Storm 手枪

伯莱塔 Px4 Storm 手枪及弹药

▌▌▌▶ ★ 10 秒速识

Px4 Storm手枪套筒的前部和后部都刻有防滑槽。套筒后部还有空挂机枪杆，套筒顶部、照门的前方有两个销。前一个销是抽壳钩轴，后一个销是击针保险。

伯莱塔 Px4 Storm 手枪上方视角

 # 意大利伯莱塔 90TWO 手枪

　　伯莱塔90TWO（Beretta 90TWO）是意大利的伯莱塔公司设计和生产的一款半自动手枪。

✦ 研发历史

对伯莱塔公司而言，92FS手枪在世界各国军队和执法机构的辉煌业绩为企业树立了"光辉"的形象，使伯莱塔公司的知名度有了前所未有的提高。但是，这一点也为后来的产品开发带来各种局限，在创新设计上难以突破。为了在时代变迁过程中继续维持92FS手枪的地位，伯莱塔公司一方面在陆续推出92系列手枪，另一方面也在尝试突破92系列手枪的设计方式，开发新产品。90TWO手枪就是伯莱塔公司在继承92FS手枪"血统"的前提下，全新设计的又一款产品。

基本参数	
口径	9 毫米
全长	217 毫米
枪管长	125 毫米
空枪重量	921 克
有效射程	50 米
枪口初速	365 ～ 381 米 / 秒
弹容量	10 发

伯莱塔 90TWO 手枪前侧方特写

✦ 枪体构造

伯莱塔90TWO系列手枪可说是92FS手枪的现代型，它保留了顶部敞开式套筒结构、枪管短行程后坐作用、卡铁摆动式闭锁装置、击锤回转击发式装置、只要将分解杆向下转90度就可取出套筒等传统装置。伯莱塔90TWO手

动保险杆可兼作拆卸杆，双侧配
置，左右手均可操作。该枪设有
击针自动保险，只要扳机扣不到
位，即使受到外力作用，击针仍
保持保险状态。

　　伯莱塔90TWO手枪还在套筒
下、底把扳机护圈前方的防尘盖整
合了1条MIL-STD-1913式战术灯安
装导轨，以安装各种战术灯、激光
瞄准器和其他战术配件。安装后十
分稳固，而且无须使用任何工具辅
助安装。手枪上还包括战术配件导
轨保护套，在没有安装任何战术配
件时，除了保护导轨不受外物碰撞
损坏以外，也可美化全枪的外观。

伯莱塔 90TWO 手枪不完全分解图

性能解析

　　伯莱塔90TWO手枪既保留伯莱塔传统结构特征，又在外观与内部结构
方面开拓创新，是伯莱塔公司制造的以接替已有20多年历史的92FS手枪，
作为其下一代军警两用手枪。

伯莱塔 90TWO 手枪上方视角

衍生型号

型 号	特 点
D 型	纯双动操作扳机
F 型	使用了与伯莱塔 92F 军用型手枪相同的操作方式
G 型	单 / 双动操作扳机型号

伯莱塔 90TWO 手枪及枪盒

服役记录

伯莱塔90TWO手枪在2006年的SHOT Show（美国著名枪展）之中，以伯莱塔92手枪的增强版本之名推出，目前使用的国家包括美国、日本、意大利等。

10 秒速识

相对于92FS（美国M9手枪）来说，90TWO手枪最

伯莱塔 90TWO 手枪上方视角

明显的变化是增设了手枪套筒座内的缓冲垫，套筒座握把部位前端比92FS更薄，新设计的骷髅状击锤也引人注目。

伯莱塔 90TWO 手枪

瑞士 SIG Sauer P210 手枪

P210手枪是瑞士西格-绍尔（SIG Sauer）设计生产的一款半自动手枪。

研发历史

20世纪末期，虽然二战已经结束，但是整个欧洲的治安问题日益恶化，作为永久中立国——瑞士，虽然没有受到国际战争的波及，但是为预防黑势力破坏本国平民的日常生活及生产，武装好自己的军队和警察部队，作为瑞士头号军工企业——SIG公司开始为本国军事单位和执法机关研发新型武器。20世纪40年代末期，SIG公司在参考了当时优秀的武器设计之后，成功地推出了P210手枪。

基本参数	
口径	9 毫米
全长	215 毫米
枪管长	120 毫米
空枪重量	900 克
有效射程	50 米
枪口初速	335 米 / 秒
弹容量	8 发

SIG Sauer P210 手枪及子弹

枪体构造

P210手枪采用枪弹单排排列的弹匣和单动扳机，即使手小的射手也很容易握住握把。其套筒上装有双轨状导槽，套筒座的导轨在导槽内前后运动，这样的设计使套筒和套筒座之间的左右松动较小。P210手枪采用的是勃朗宁设计的枪管短后坐自动方式，但并没有采用枪管环，枪管上部具有2个半圆状闭锁卡笋，与套筒内的卡笋槽啮合，相互闭锁。P210手枪的机匣装有可强制封锁扳机的手动保险及弹匣退出时自动扳机的自动保险系统。

SIG Sauer P210 手枪及弹匣

性能解析

P210手枪的生产有着严格的品质监控，因此其可靠性、射击精准度、耐用性都比一般手枪高。P210手枪虽然有着不少的优点，但早期版本没有握把式弹匣释放钮，不及其他手枪操作方便，且由于手工装配及高质量部件使其价格比其他手枪为高，因此当时没有太多国家采用。

SIG Sauer P210 手枪前侧方特写

▌▌▌➤ ★ 衍生型号

型 号	特 点
SIG P210-1	普通版本，装有木制握把片、固定缺口式照门及枪身经过烤蓝处理
SIG P210-2	瑞士陆军版本，装有塑料制握把片、固定缺口式照门及枪身经过磨砂处理
SIG P210-3	瑞士警察版本，装有木制握把片、固定缺口式照门及枪身经过烤蓝处理
SIG P210-4	德国联邦警察版本，由 P210-2 的设计改进而成，加装供弹指示器
SIG P210-5	加长枪管版本，装有木制握把片、可调式扳机、可调及可拆式射靶用照门、枪身经过磨砂处理
SIG P210-6	运动型版本，装有木制或塑料制握把片、可调式扳机、照门可选、枪身经过磨砂处理
SIG P210-7	安装有木制或塑料制握把片，后期型改用特制击锤
SIG P210-8	高级运动型版本，装有握把式弹匣释放钮、木制握把片、可调式扳机、可调式照门、枪身经过磨砂处理
SIG P210-5LS	安装有握把式弹匣释放钮、加长枪管及套筒、木制握把片、可调式扳机、可调式照门
SIG P210-6S	安装有握把式弹匣释放钮、标准枪管及套筒、木制握把片、可调式扳机、可调式照门

SIG Sauer P210 手枪右侧方特写

▐▐▐▶★ 服役记录

SIG P210手枪在1949年推出后便成为瑞士陆军的制式手枪，当时命名为Pistole 49，并一直采用至1975年直至被SIG P75手枪取代。不过，一些瑞士警察部队、丹麦及拉脱维亚的军队至今仍然采用P210为制式手枪。

SIG Sauer P210 手枪后侧方特写

▐▐▐▶★ 10 秒速识

P210手枪有多种型号，不同型号的辨别方法也有所不同。以普通型号为例，P210手枪采用胡桃木握把，固定式机械瞄准装置，枪身经过烤蓝处理，外表深蓝色。

枪盒中的 SIG Sauer P210 手枪

瑞士 SIG Sauer P220 手枪

P220手枪是SIG公司设计生产的一款半自动手枪。

研发历史

诞生于20世纪40年代末期的P210手枪，其价格过于昂贵，虽然是瑞士设计的武器，作为本土的军事单位和执法机关应该支持"国产货"，但是作为军用武器，在不改变性能的状态下，价格低廉者优先。因此，自P210手枪推出并使用了一段时间之后，瑞士军警就开始寻找价格低廉的手枪。SIG公司得知这一消息立马采取行动，其在总结了过去手枪设计优缺点后，简化加工工艺以及减少手枪零部件，于20世纪70年代成功地推出了P220手枪。

基本参数	
口径	9 毫米
全长	198 毫米
枪管长	112 毫米
空枪重量	800 克
有效射程	50 米
枪口初速	350 米 / 秒
弹容量	9 发

SIG Sauer P220 手枪及弹匣

枪体构造

　　P220采用单/双动击发装置。当击锤在前方位置时，可双动击发；当击锤在待发位置时，为单动击发。双动击发时，扣压扳机后，扳机连杆向前运动，击锤则向后回转至待发位置。扳机连杆运动到快要使阻铁上抬脱离击锤待发缺口的瞬间，又带动弹簧保险杆向上旋转至击针的下方，推出击针保险卡锁。于是，当击锤打击击针时，击针便能自由向前。单动击发时，扳机连杆在使阻铁上抬解脱击锤之前，也要带动保险杆旋转，使击针保险卡锁解脱击针。

　　该枪有空仓挂机柄，当弹匣内的枪弹打完之后，托弹板就会顶起底把左侧的空仓挂机卡笋，使之卡入套筒

枪盒中的 SIG Sauer P220 手枪

的缺口，将套筒阻于后方位置。插入实弹匣后，用手压下空仓挂机，或将套筒稍向后拉并放回，都能使套筒复进成待发状态。

性能解析

　　P220手枪可以发射不同口径的子弹，前提是必须根据子弹型号相应地更换套筒和枪管。后来SIG公司以P220手枪为基础开发出P225、P226、P229等一系列不同类型的手枪，凭借其射击性能优良、操作安全可靠的优点，使整个P系列在军用、警用和民间市场都很受欢迎。

SIG Sauer P220 手枪右侧方特写

衍生型号

型 号	特 点
P220 标准型	在底把前端附加导轨
P220 便携型	将标准型的枪管缩短为 99 毫米，装弹数不变
P220 紧凑型	较便携型进一步缩小，装弹数减为 6 发
P220 竞赛型	将标准型增加枪管长度与重量，以适应射击竞赛需求

SIG Sauer P220 手枪上方视角

服役记录

瑞士、丹麦、日本皆曾采用P220作为军队制式手枪，第三者还被授权生产P220，命名为美蓓亚P9。其他一些国家的军警用户也曾装备过P220手枪，但大多已被其他大容量弹匣手枪取代。

黑色涂装的 SIG Sauer P220 手枪

10 秒速识

P220手枪的底把为铝合金件，表面经过哑黑色阳极化抛光处理，所有的钢零件表面均经过哑黑色氧化或磷酸盐处理。枪管用优质钢材冷锻生产。握把侧片由塑料制成，复进簧则由缠绕钢丝制成。枪机体用一根钢销固定在套筒尾部。

SIG Sauer P220 手枪及弹匣

 # 瑞士 SIG Sauer P226 手枪

P226手枪是SIG公司设计生产的一款半自动手枪。

研发历史

20世纪80年代，美国陆军开始寻找一款能够取代M1911的手枪。之后，多个军工企业纷纷参与投标，其中包括意大利伯莱塔公司和瑞士SIG公司。前者带来的产品正是现今大名鼎鼎的M9手枪（伯莱塔92F），而后者则是P226手枪。

基本参数	
口径	9 毫米
全长	195.58 毫米
枪管长	111.76 毫米
空枪重量	964 克
有效射程	50 米
枪口初速	350 米 / 秒
弹容量	10/20 发

枪体构造

P226手枪采用了由约翰·勃朗宁首创的后膛闭锁枪管短行程后坐作用模式以使全枪运作。在射击时，套筒和枪管锁在一起并且向后移动几毫米，枪管会向后移直到后方的铰链使后膛向下倾斜。这个时候，子弹已经离开枪管，而压力也已经下降到安全水平。在这种情况

P226 手枪及子弹

下，套筒已完成向后行程，并以抛弹口退出弹壳。然后复进簧会向前推动套筒，从弹匣上取出最顶部的一发并让枪管后膛向上回复水平同时向前运动几毫米，再将套筒和枪管一起闭锁。

P226 手枪后侧方特写

性能解析

P226手枪早期的设计其实只是把P220手枪改为双排弹匣供弹，另一个改进就是两侧都可以使用的弹匣卡笋。P226手枪可以不改变握枪的手势就能直接用拇指操作弹匣解脱扣，如果是左撇子，该弹匣卡笋也可以反过来安装使用。除了这两者之外，P226手枪还有第三个不同

P226 手枪左侧方特写

于P220手枪的设计，开锁引导面比P220手枪上的稍长，这使P226手枪开锁时枪管偏移的时间比P220手枪稍迟一点，因此P226手枪的射击精度更高。

衍生型号

型 号	特 点
P226 导轨型	在套筒下、底把的扳机护圈前方的防尘盖整合了一条战术灯安装导轨
P226 战术型	具有一根延长至 127 毫米的枪管
P226 黑水型	在 2007 年与黑水训练中心（现称：美国训练中心）一起合作设计
P226 海军型	美国海军特种作战（简称：NSWC）军用规格的 P226 手枪
P226 SCT 型	具有套筒前面的多条锯齿状突起的防滑纹、战术配件导轨
P226 极限型	采用独特的黑色和灰色型霍格食人鱼握把
P226 ST 型	限量生产的 SIG P226 手枪的全不锈钢型版本
P226 X 系列	最新高端手枪系列
P226 金刚石板型	具有 AA 型银色不锈钢套筒

续表

型 号	特 点
P226 精英型	具有进一步提升人体工学的延长河狸尾状握把、套筒前面的多条锯齿状突起的防滑纹
P226 战斗型	使用了沙色的枪身
P226 军团型	结构及外形并无变化，只是局部小改进

沙漠色迷彩涂装的 P226 手枪

▌▌▌▌▶ 服役记录

P226手枪其性能的突出表现受到了特种作战单位和执法机构的青睐，不仅许多特种部队喜欢使用这种优异的辅助武器，而且美国FBI、财政与犯罪研究局、能源部等机构，以及美国多个州或地区警察局的普通警员或特警队都有采用。

P226 手枪及弹匣

10 秒速识

P226手枪目前的标准型为使用黑色阳极氧化处理的新型不锈钢套筒。所有型号的底把都由硬质氧化铝合金所制造。

P226 手枪上方视角

瑞士 SIG Sauer P228 手枪

P228手枪是SIG公司以P226手枪为基础设计的一款半自动手枪。

研发历史

20世纪80年代，SIG公司的P226手枪与伯莱塔公司的92F手枪在美军同台竞技，两者性能相差无几，但后者的价格略低于前者，所以美军采用了92F手枪。不过，P226手枪虽然在竞争中战败，但仍有许多拥护者，就连美国几支特种部队也对其有好感。鉴于此，美军打算为军队装备P226手枪，但要求SIG公司要对该手枪进行一下改进，至少在价格上不能太高于92F手枪。

基本参数	
口径	9 毫米
全长	180 毫米
枪管长	99 毫米
空枪重量	825 克
有效射程	50 米
枪口初速	340 米 / 秒
弹容量	10/20 发

随后，为满足美军需求，SIG公司开始改良P226手枪，最终推出了其紧凑版——P228手枪。

SIG Sauer P228 手枪及弹匣

枪体构造

P228手枪采用了由约翰·勃朗宁首创的后膛闭锁枪管短行程后坐作用模式以使全枪运作。在射击时，套筒和枪管锁在一起并且向后移动几毫米，枪管会向后移直到后方的铰链使后膛向下倾斜。这时子弹已经离开枪管，而压力已经下降到安全水平。在这种情况下，套筒已完成向后行程，并以抛弹口退出弹壳。然后复进簧会向前推动套筒，从弹匣上取出最顶部的一发并让枪管后膛向上回复水平同时向前运动几毫米，再将套筒和枪管一起闭锁。

SIG Sauer P228 手枪前侧方特写

性能解析

相比P226手枪而言，P228手枪的人体工程学更好。握把形状的设计无论对手掌大小的射手来说都很舒服，而且指向性极好。双动扳机也很舒适，即使是手掌较小的射手也很能舒适地操作，而单动射击时感觉更佳。P228手枪小巧玲珑，易于藏匿，而且外形的精加工可防止在向外掏枪时被衣服挂住。

SIG Sauer P228 手枪上方视角

衍生型号

型号	特点
P228 导轨型	在套筒下、底把的扳机护圈前方的防尘盖整合了一条战术灯安装导轨
M11-A1 型	不锈钢套筒和铝合金底把版本

SIG Sauer P228 手枪

服役记录

　　SIG Sauer P228手枪目前已被各执法机关和特种军队所使用，除了瑞士外，该枪还被出口到国外，使用国家包括美国、法国、加拿大等。

SIG Sauer P228 手枪及其他配件

10 秒速识

    SIG Sauer P228所有型号的底把由硬质氧化铝合金所制造。P228扳机护环采用圆滑过渡，枪管99毫米，因此具有1个相应较短的套筒。

SIG Sauer P228 手枪

瑞士 SIG Sauer P239 手枪

P239是P229的进一步小型化，按SIG公司自己的称呼叫作"个人尺寸手枪"，实际上就是一种与袖珍手枪相似的小型半自动手枪。

基本参数	
口径	9 毫米
全长	168 毫米
枪管长	91 毫米
空枪重量	714 克
有效射程	50 米
枪口初速	245 米 / 秒
弹容量	8 发

研发历史

在美国的手枪市场上，SIG公司总是在不断地满足各种客户提出的各种"无理"要求，因为该公司信奉"客户就是上帝"。20世纪80年代后期，美国"零散型"用户（不包括军队、警队以及其他军事团体的用户）对P229手枪提出了意见，主要内容是该手枪虽然威力不错，但体积略微显大，要求SIG公司小量化，并且不能小于标准的袖珍型手枪，那样会减低手枪原有的杀伤力。在得到客户提出的建议后，SIG公司当然不会置之不理，所以采取了各种措施，最终推出了大于袖珍型手枪、小于普通手枪的P239。

P239 手枪及子弹

枪体构造

P239手枪可使用纯双动(DAO)或双动/单动(DA/SA)的击发模式。和所有SIG的半自动手枪产品一样，P239手枪具有一个待击解除杆，该特点是在双动、单动机构已将子弹入膛的情况下，也可完全安全地携带。这意味着首发子弹只能是在扳机被实际扣下时才能被发射。后续的子弹可在单动模式下被击发，即手枪可利用反冲自动回到待击状态。

P239 手枪及弹匣

性能解析

　　P239手枪结构简单可靠，虽然其尺寸比大多数袖珍手枪要稍大一点，但它的威力比大多数袖珍手枪强大。该手枪主要用于个人防身，可使用双动、单动两种发射模式。

P239 手枪上方视角

衍生型号

型 号	特 点
P239 SAS	安装有木制握把片，不锈钢套筒

P239 SAS 型号手枪

服役记录

　　由于尺寸紧凑，适合隐蔽携枪，P239手枪在美国很受欢迎。目前，主要被美国海军特战开发小组和一些警察部门所采用。

P239 手枪前侧方特写

▶ 10 秒速识

P239手枪的枪身铭文SIG SAUER P239和SIGARMS INC FXETFR-FH-USA INC标于套筒左侧，序列号标于套筒右侧，口径标于枪管，通过抛壳口可以看到。

P239 手枪及枪套

瑞士 SIG Sauer SP2022 手枪

SP2022手枪是SIG公司设计生产的一款半自动手枪。

研发历史

20世纪后期，随着用于枪械的新型材料和技术不断革新，世界各大老牌军工企业开始展开新一轮的市场争夺赛，这些军工企业包括比利时的FN公司、德国的HK公司、意大利的伯莱塔公司、奥地利的格洛克公司以及瑞士的SIG公司。其中格洛克公司率先设计出实用性较高的聚合物套筒座手枪，并得到各国军警界青睐，占据了大量的警用手枪市场。当时作为瑞士顶尖的军工企业，SIG公司也不甘示弱，于2002年推出了自主研发的聚合物套筒座手枪——SP2022手枪。

基本参数	
口径	9 毫米
全长	187 毫米
枪管长	98 毫米
空枪重量	765 克
有效射程	50 米
枪口初速	390 米 / 秒
弹容量	15 发

SP2022 手枪及弹匣

枪体构造

SP2022手枪采用传统的击锤式击发装置，同样可单动或双动击发。该枪继承了P220系列手枪采用的枪管短后坐式工作原理及枪管摆动式闭锁方式。套筒后退时，空仓挂机的轴与枪管后端椭圆孔的开锁斜面相互作用，使枪管尾端向下倾斜，枪管与套筒脱离，实现开锁。套筒复进时，空仓挂机的轴与椭圆孔的闭锁斜面相互作用，使枪管尾端上抬，闭锁突笋进入套筒的闭锁槽，实现闭锁。套筒座的前端下方配装皮卡汀尼导轨的防尘盖，这种标准导轨可更广泛配装战术灯、激光指示器等附件。套筒座的顶端前部埋入一块圆形磁片，磁片记录枪的序号及携枪者有关信息，供丢失时备查。

枪盒中的 SP2022 手枪

性能解析

SP2022手枪曾在美国拉斯维加斯郊外的PMC靶场进行射击试验，使用该靶场的铁板靶。发射时套筒动作轻快而平稳，容易控制。由于握把设计良好，即使一口气打完弹匣内15发子弹，依然感觉很舒适。

服役记录

2005年1月，SIG公司发表了"美国陆军坦克、机动车辆与军械司令部决定采用SP2022手枪作制式"的消息。虽然订货数量只有5000支，但对SIG

公司来说，最重要的不是现在的订货数量，而是获得了美国政府订购，这样就可以借机扬名，继续推出SP2022手枪的市售型同格洛克手枪对抗。另外，SIG公司与法国政府签订了多达27万支SP2022手枪的供应合同。

黑色涂装的 SP2022 手枪

SP2022 手枪及枪套

▶ 10 秒速识

SP2022手枪由不锈钢棒料切削加工制成，表面经黑色亚光处理，握把后部装有塑料制或橡胶制的可更换握把套。弹匣侧面标有3～15共13个数字，每个数字对应一个孔。

SP2022 手枪左侧方特写

奥地利格洛克 17 手枪

格洛克17手枪是由奥地利格洛克（GLOCK）公司设计生产的一款半自动手枪。

研发历史

　　1963年，奥地利武器承包商格斯通·格洛克创立了格洛克公司。不过从创立到20世纪70年代，该公司一直是生产或者仿制其他公司的武器，例如德国瓦尔特P38手枪。20世纪70年代末期，奥地利周边的一些国家都开始设计生产自己本土的武器，所以奥地利军方要求格洛克公司务必研制出新型武器。20世纪80年代，在参考了其他同类武器，并融合自己对武器的理解之后，格洛克公司最终推出了一款新型武器——格洛克17手枪。

基本参数	
口径	9 毫米
全长	202 毫米
枪管长	114 毫米
空枪重量	625 克
有效射程	50 米
枪口初速	370 米 / 秒
弹容量	10/17/19 发

格洛克 17 手枪与其他武器

枪体构造

　　格洛克17手枪经历了四次修改，第四代格洛克17手枪的套筒上有Gen4字样。2010年，新推出的格洛克17手枪大大增强了人机功效，并采用双复进簧设计，以降低后坐力和提高枪支寿命。格洛克17手枪采用枪管短行程后坐式原理，使用9×19毫米格鲁弹，弹匣有多种型号，弹容量为10～33发。

该枪大量采用了复合材料制造，空枪重量仅为625克，人机功效非常出色。

格洛克 17 手枪与其他武器上方视角

性能解析

　　格洛克17及其衍生型都以可靠性著称。因为坚固耐用的制造和简单化的设计，它们能在一些极端的环境下正常运用，并且能使用相当多种类的子弹，更可改装成冲锋枪。而且它的零件也不多，因此维修相当方便。

枪盒中的格洛克 17 手枪

衍生型号

型号	特点
格洛克 17C	枪口补偿装置改进型
格洛克 17L	长比赛型版本
格洛克 17MB	双手灵活操作型版本
格洛克 17RTF2	表面修改版本
格洛克 17 MOS	装有模块化光学瞄准镜系统

格洛克 17 手枪与其他组件

服役记录

格洛克17是目前全球执法单位使用最多的手枪之一。除了军警单位外，格洛克17在民间市场和私人军事承包商手上也颇为常见。多数使用者都是买来用于竞技、自卫等。

改装为冲锋枪的格洛克 17 手枪

10 秒速识

目前，格洛克最新的版本的手枪称为第四代格洛克17。第四代在套筒型号位置加上"Gen4"以资识别。

第四代格洛克 17 手枪

奥地利格洛克 19 手枪

格洛克19手枪是由奥地利格洛克（GLOCK）公司设计生产的一款半自动手枪。

研发历史

格洛克17手枪推出后，备受奥地利军方欢迎，为进一步提高该手枪的影响力，同时也为了打进民用市场，格洛克公司开始对其进行升级和改进。1988年，格洛克公司将当时先进的手枪设计技术和材料运用到格洛克17手枪的升级改进中，推出了它的紧凑型版本——格洛克19手枪。

基本参数	
口径	9 毫米
全长	174 毫米
枪管长	102 毫米
空枪重量	595 克
有效射程	50 米
枪口初速	375 米 / 秒
弹容量	10/33 发

格洛克 19 手枪前侧方特写

枪体构造

格洛克19全枪有34个零件，所有零部件均采用防锈表面处理。相对于格洛克17，格洛克19手枪的握把短12毫米，更方便于隐蔽，以上两种型号大部分零件均通用（包括弹匣）。该枪经历了三次修改版本，最新的版本称为第四代格洛克19。1999年开始，新推出的格洛克19在套筒下前方设有导轨，以安装各种战术配件，另外亦在握把上有手指凹槽。和所有格洛克手枪一样，格洛克19有三个安全装置。

格洛克 19 手枪右侧方特写

性能解析

　　格洛克19手枪具有体积小、质量轻、结构紧凑，便于隐蔽携带等特点，将它插入腰带内携带几乎看不出一点破绽。

格洛克 19 手枪及弹匣、子弹

衍生型号

型　号	特　点
格洛克 19C	装有枪口补偿装置
格洛克 19 MOS	装有模块化光学瞄准镜系统

第四代格洛克 19 手枪

服役记录

　　格洛克19手枪在民间市场很受欢迎，也被执法部门广泛采用。目前，该手枪被大量警察、特种警察部队及特种部队使用，是目前全球执法单位使用最多的枪械之一。

格洛克 19 手枪及配件

10 秒速识

格洛克19手枪比任何一种9毫米手枪厚度都薄，枪管轴线紧靠手的虎口上部，所有零部件均经过防锈表面处理。

格洛克 19 手枪上方视角

奥地利施泰尔 GB 手枪

施泰尔GB手枪是由奥地利施泰尔-曼利夏公司设计生产的一款半自动手枪。

研发历史

施泰尔公司是一家成立于1864年的奥地利武器制造公司，主攻中/大型武器，如冲锋枪（代表作：MPI69式冲锋枪）、突击步枪（代表作：AUG突击步枪）等。不过，该公司也曾设计过诸如PI-18手枪之类的小型武器，而且还在

基本参数	
口径	9 毫米
全长	216 毫米
枪管长	136 毫米
空枪重量	845 克
有效射程	50 米
枪口初速	360 米 / 秒
弹容量	18 发

奥地利军方产生不小的影响，这之后，施泰尔公司对PI-18手枪置之不理，没有对其做过多的升级或改进，致使奥军士兵有所不满。20世纪70年代，格洛克公司兴起，并开始在手枪制造领域崭露头角，使施泰尔公司"分外眼红"，于是立马召集人员，对PI-18手枪进行改进，最终推出了施泰尔GB手枪。

GB 手枪前侧方特写

枪体构造

GB手枪采用了半自由枪机式工作原理，借助射击后流入气室内的火药气体达到延迟后坐的作用。枪管表面和套筒之间形成一个封闭的环形空间作为气室，枪管外有一个导气孔，射击时部分气体流入环形空间从而产生

高压，并作用于套筒前端以阻滞强烈的后坐从而产生阻滞作用。另外，该手枪使用双排弹匣供弹，配有空仓挂机装置。

GB 手枪上方视角

性能解析

GB手枪主要用于杀伤近距离内有生目标，在格洛克17手枪出现之前，它是该国军队最好的手枪之一。

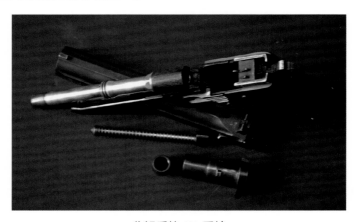

分解后的 GB 手枪

10 秒速识

GB手枪采用普通机械瞄准具，前方为柱形准星，后方为方形缺口照门。准星和照门均有发光点。

GB 手枪与弹匣

 捷克斯洛伐克 GP K100 手枪

GP K100手枪是巨大威力公司（Grand Power SRO）所研制的一款半自动手枪。

研发历史

从1994年开始，捷克斯洛伐克的巨大威力公司就打算自主研发一款性能超群的半自动手枪，两年后，设计出了GP K100手枪。但是由于巨大威力公司的资金和厂房存在各方面问题，该枪并没有在当年投入生产。直到21世纪初，美国STI国际公司（STI International, Inc.，一家专门生产精密的比赛枪及相关配件的公司）为巨大威力公司提供了一些帮助，这才促使GP K100手枪步入生产阶段。

基本参数	
口径	9 毫米
全长	203 毫米
枪管长	108 毫米
空枪重量	740 克
有效射程	50 米
枪口初速	286 米 / 秒
弹容量	10/15 发

GP K100 手枪上方视角

枪体构造

GP K100手枪扳机系统采用传统的单、双动形式，手动保险杆左右手均能操作，保险杆和空仓挂机柄可由用户自行改变安装在枪的左侧或右侧。即使在潮湿的天气也能牢固地握持该手枪，此外，复进簧导杆、保险、扳机和扳机护圈都由塑料制成。整体式的附件导轨设置在底把前端，在与套筒和扳机接触的位置上有钢嵌件。

GP K100 手枪及弹药

性能解析

　　GP K100手枪使用起来相当舒适，它的指向性好，可靠性也不差。目前该手枪已经研制出一系列不同的型号，有纯双动型、战术型，还有比较便宜的经济型。另外，GP K100有一种特殊的警用型K102R，这种型号增加了两发点射模式，以提高战斗命中率和杀伤效果。

GP K100 手枪前侧方特写

▶ 服役记录

2007年，巨大威力公司宣布将与位于得克萨斯州的手枪制造商STI国际公司合作，并且生产10万把适用于美国市场的手枪。2008年，巨大威力公司出口第一批手枪，他们的K100 Mark 6手枪的商业名称是GP 6。大约10000把该手枪出口到国外，主要用户是美国。

GP K100 手枪与子弹

▶ 10 秒速识

GP K100手枪握把表面粗糙，而且有凸筋，方型肩式闭锁块从其他方向围绕枪管而突出，套筒在前方位置时抛壳口清晰可见。

GP K100 手枪前侧方特写

捷克斯洛伐克 CZ-52 手枪

CZ-52手枪是捷克斯洛伐克CZ公司研制的半自动手枪。

研发历史

捷克斯洛伐克是世界武器市场上的轻武器出口大国，该国最有名的枪械公司莫过于历史悠久的CZ公司，通常翻译为"塞斯卡-直波尔约夫卡"兵工厂。ZB26轻机枪就是该公司最著名的作品，除此之外，该公司还有不少经典的枪械，其中就包括CZ-52手枪。

CZ-52手枪是根据捷克斯洛伐克前军方提出的新一代手枪要求而设计的，在设计时，CZ-52原本打算采用9毫米鲁格弹，但由于战争和其他方面的原因，改为采用7.62×25毫米M48枪弹。

基本参数	
口径	7.62 毫米
全长	209 毫米
枪管长	120 毫米
空枪重量	950 克
有效射程	50 米
枪口初速	500 米 / 秒
弹容量	8 发

CZ-52 手枪及弹匣、子弹

枪体构造

CZ-52 手枪采用后座反冲式设计，8发单排可卸式弹匣。此枪在设计时受到德国MG42通用机枪的滚轴闭锁系统影响，这种装置很少被用在手枪上，而CZ-52手枪却运用了该系统。CZ-52 手枪枪管组件由枪管、枪管座、枪管座销、闭锁楔铁和左右闭锁滚柱组成。套筒组件由套筒、照门、抽壳钩、抽壳钩轴、抽壳钩簧、击针、击针保险和击针保险簧组成。

性能解析

CZ-52采用威力过大的7.62毫米M48枪弹（这种弹药原本是供给冲锋枪用的），有着较大的后坐力，此外，精准度和寿命都不比发射9毫米鲁格弹的手枪更优秀，所以CZ-52的用户并不多。

黑色涂装的 CZ-52 手枪

服役记录

自1952年起，CZ-52就被捷克斯洛伐克军队作为制式手枪，1982年该枪被CZ82手枪取代。1987年后，大部分已退役的CZ-52被作为剩余物资售出。

CZ-52 手枪上方视角

10 秒速识

CZ-52枪管为圆柱形，后部弹膛部分略粗，枪管座为顶部带弧形的方块状，上部有与枪管配合用的通孔，下部左右各有一个矩形闭锁滚柱槽，底部则有一个用来容纳闭锁楔铁的方槽。

CZ-52 手枪及弹匣

以色列"沙漠之鹰"手枪

"沙漠之鹰"是以色列军事工业生产的一种大口径半自动手枪。

研发历史

美国马格南研究所刚成立时，就计划设计一种能够发射9毫米口径马格南子弹的手枪，并将该计划命名为"马格南之鹰"，这种手枪的主要用途是打猎和射靶。在经过一段时间的研发之后，该公司成功推出"沙漠之鹰"的原型枪，并于1983年获得了该枪的设计专利。

后来，马格南研究所与以色列军事工业合作对该枪进行改进，经过改进之后于1985年取得了"沙漠之鹰"的设计专利。但是，该枪因美国枪支管理措施的限制，因此将制造流程改为以色列军事工业制造零件，由马格南研究所组装和加工。

基本参数	
口径	9/11.17/12.69 毫米
全长	269 毫米
枪管长	152 毫米
空枪重量	1360 克
有效射程	50 米
枪口初速	402 米 / 秒
弹容量	9 发

"沙漠之鹰"手枪与子弹

枪体构造

"沙漠之鹰"手枪采用常在步枪上使用的气动装置，这是因为它发射的是大威力子弹，而一般的气动机构在面对这种子弹时强度有所不足。该枪的握把很大，用弹簧销固定。它的闭锁式枪机与M16突击步枪系列的步枪十分相似。因枪管为固定式，并在顶部有瞄准镜安装导轨，使用者可自行加装瞄准设备。套筒两侧均有保险机柄，枪支可左右手操作。

"沙漠之鹰"手枪前侧方特写

▌▌▌◇ 性能解析

"沙漠之鹰"手枪的巨大握把使其难以单手握持，但气动机械结构使后坐力有所缓冲，所以女性也能使用。它在射击时会产生很大的噪声，故障率也较高。过高的杀伤力也是军方和警方对该枪的兴趣大大降低的原因之一，因为这样无论是对射手还是射手旁边的人都存在很高的安全隐患。尽管如此，"沙漠之鹰"手枪仍然被装备于少数国家的特警队或特种部队。

黑色涂装的"沙漠之鹰"手枪

★ 衍生型号

型 号	特 点
Mark I	铝制的枪身，有两种口径
Mark VII	钢制的枪身，有三种口径
Mark XIX	有三种口径

"沙漠之鹰"手枪与弹匣

★ 服役记录

　　目前，"沙漠之鹰"手枪的使用者包括波兰的行动应变及机动组和葡萄牙的警察特别行动组。由于"沙漠之鹰"手枪相当闻名，因此在许多电影、小说和电子游戏中亦有出现，并经常会被错误地描绘成正规部队的武器和夸大其实用性。

金色涂装的"沙漠之鹰"手枪

10 秒速识

"沙漠之鹰"手枪采用U字形握把，通常为硬塑胶制成。有两根平行的复进弹簧。

"沙漠之鹰"手枪

Chapter 3

全自动手枪

　　全自动手枪又叫"冲锋手枪"，是一种用途类似冲锋枪，可全自动发射的手枪。全自动手枪由于重量轻、尺寸小，具有超高的实用性，近战杀伤力不比冲锋枪差，且有着更优秀的机动性，在数十米内能发挥相当大的火力威力，可执行部分冲锋枪的传统任务。

奥地利格洛克 18 手枪

格洛克18手枪是由格洛克公司设计生产的一款全自动手枪。

研发历史

20世纪80年代，格洛克公司设计格洛克17半自动手枪时，就想着扩大手枪市场，而非只有奥地利军队这一个市场。随后，格洛克公司针对射击比赛、民用市场和其他国家的特种部队分别推出不同型号的格洛克系列手枪，其中为特种部队所设计的正是格洛克18全自动手枪。

基本参数	
口径	9 毫米
全长	186 毫米
枪管长	114 毫米
空枪重量	620 克
有效射程	50 米
枪口初速	375 米 / 秒
弹容量	17/19/31/33 发

格洛克 18 手枪及弹匣

枪体构造

　　格洛克18手枪设置有在半自动和全自动之间切换的选择钮。选择钮负责释放第一道撞针的保险，当射手扣下扳机时立刻释放撞针来击发子弹，而当滑套往复运行时，因无第一道保险的限制而能全自动射击；向下为全自动模式，向上为单发模式。由于设计的射击控制装置极其简单，甚至没有增加减速装置，因此格洛克18的理论射速极高，为每分钟1300发。1999年开始，新推出的格洛克18在套筒下前方设有导轨，以安装各种战术配件，另外亦在握把上有手指凹槽。

格洛克 18 手枪示意图

性能解析

　　在遭遇持枪恐怖分子袭击时，使用格洛克18手枪的特种部队可用其达1300发/分的高射速构成弹幕，压制暴徒或掩护政要迅速撤离现场。特战人员为避免引人注意，在行动中使用的格洛克18手枪大多使用标准弹匣，很少装上超长型弹匣，这样一来恐怖分子及平民根本无从察觉人员所佩带的是冲锋手枪。

格洛克 18 手枪侧方特写

服役记录

格洛克18最早是应奥地利联邦内政部眼镜蛇作战司令部要求而研发，主要供特种警察部队及特种部队与要员保护单位所使用。

格洛克 18 手枪前侧方特写

10 秒速识

格洛克18与半自动手枪格洛克17外形长度相同，最大的外观差别是前者套筒后部有快慢机。

安装战术用具的格洛克 18 手枪

奥地利施泰尔 TMP 手枪

TMP手枪（TMP是Tactical Machine Pistol 的缩写，意为：战术冲锋手枪）是奥地利施泰尔-曼利夏（Steyr Mannlicher）公司设计生产的一款全自动手枪。

研发历史

在全自动手枪的世界里，不乏一些性能优秀的作品，前有比利时FN 公司的FN P90，后有德国HK公司的HK MP7。作为

基本参数	
口径	9 毫米
全长	282 毫米
枪管长	130 毫米
空枪重量	1300 克
有效射程	50 ～ 100 米
枪口初速	380 米 / 秒
弹容量	15/30 发

枪械界的"老大哥"，奥地利施泰尔公司也不甘"落后"。随后，它根据北约个人自卫武器的概念，于1992年正式推出了一款全自动手枪——TMP手枪。TMP手枪不但曾是施泰尔公司的"拳头"产品，也是全自动手枪领域的佼佼者。

TMP 手枪右侧方特写

枪体构造

　　TMP手枪采用管退式工作原理，枪机回转式闭锁方式，拉机柄设在武器后面表尺座的下面，向后拉便可使枪待击，利用双动扳机选择单、连发射击方式，当扳机位于第一个作用点时为单发，继续扣压扳机通过单发点后即为连发射击。TMP手枪装有向前倾的前握把，其前握把有助于射击时稳定持枪及瞄准，另外也可在前握把安装战术配件。

展开枪托时的 TMP 手枪

★ 性能解析

　　TMP手枪结构简单、操作简便，并且包含了冲锋枪和手枪两种武器性能，它不仅零件少（这能极大程度地减少分解、组装和清理时间），而且在保险方面也有着自己的特色。TMP手枪能令射手在连发时保持稳定射击，准确度比其他的冲锋手枪高。

TMP 手枪及弹匣

★ 衍生型号

型 号	特 点
TMP-46	4.6×30 毫米版本试验型
施泰尔 SPP	TMP 的半自动民用型

TMP 手枪上方视角

服役记录

TMP手枪一经推出就立即装备于奥地利军队，使用者包括车辆、飞机驾驶员以及工兵、通信兵、重武器射手等。

TMP 手枪及其他配件

10 秒速识

施泰尔TMP手枪由41个零部件组成，大部分零件采用塑料材质。

TMP 手枪前侧方特写

比利时 P90 手枪

P90 手枪是 FN 公司于 1990 年推出的一款全自动手枪。

研发历史

二战后，FN公司意识到当时现成的子弹，包括手枪、步枪子弹都不能满足个人防卫武器的要求，因此在1986年开始研发全新的子弹SS90及新款枪械P90，原型枪于同年10月试射，曾被使用于1991年海湾战争，至1993年共试产了3000支。

P90手枪属于个人防卫武器，是美国小火器主导计划、北约AC225计划中要求的一种枪械。

基本参数	
口径	5.7 毫米
全长	500 毫米
枪管长	263 毫米
空枪重量	2540 克
有效射程	150 米
射速	900 发 / 分
弹容量	50 发

▮▮▮▮★ 枪体构造

P90采用单纯反冲原理，由枪机重量造成的惯性及复进弹簧的阻力使子弹发射时保持闭锁，在发射时保持闭锁能使P90作精准射击。P90采用无托结构，枪身重心靠近握把及较贴近射手，因此有利于单手操作并快速灵活地改变指向。经过精心设计的抛弹口，可确保在各种射击姿势下抛出的弹壳都不会影响射击。水平弹匣使P90的高度大大减小，卧姿射击时可以尽量伏低。由于P90枪身非常短，一般照门、准星的误差太大，因此，P90需使用光学瞄准器。

P90 手枪及弹匣

不完全分解的 P90 手枪

性能解析

　　P90在野战中分解非常容易，使用者只要经简单训练，就可在15秒内完成不完全分解，极利于保养和维护。P90能够有限地同时取代手枪、冲锋枪及短管突击步枪等枪械，它使用的5.7×28毫米子弹能把后坐力降至低于手枪，而穿透力还能有效击穿一般手枪不能击穿的、具有四级甚至于五级防护能力的防弹背心等个人防护装备。

P90 手枪前侧方特写

衍生型号

型号	特点
P90 TR	机匣上、左、右部加装 MIL-STD-1913 导轨以对应战术配件
P90 TAC	延长了顶部的导轨
P90 USG	瞄镜可移除或换装 MIL-STD-1913 导轨以便装置其他瞄具
P90 LV	内置激光瞄准器
P90 IR	内置红外线激光瞄准器
PS90	美国民用市场专用

P90 手枪衍生型——PS90

▌▌▌▌ ▶ 服役记录

　　P90手枪的首次实战纪录是比利时的特种部队用于1991年的海湾战争。美国休斯敦警方在1999年装备P90手枪，是美国第一个装备P90的警务单位，并在2003年的实战中使用P90射击，也是美国第一次装备P90的实战纪录。至2009年，全美有超过200个执法人员装备P90，包括美国特勤局及联邦保护局，世界大约有40个国家的军方或警务单位装备P90。

P90 手枪前侧方特写

10 秒速识

P90的弹匣位于枪管上方，弹匣由半透明胶料制成，弹匣直长条形而与枪管平行，子弹放在弹匣内时，方向和枪管呈90度垂直。

枪展上的 P90 手枪

德国毛瑟 C96 手枪

C96手枪是由毛瑟公司设计生产的一款全自动手枪，又称驳壳枪。

研发历史

    C96由毛瑟公司的科研设计人员菲德勒三兄弟利用工作空闲时间设计而成。1895年12月11日，毛瑟公司的老板为该枪申请了专利，次年正式生产，到1939年停产，前后一共生产了约一百万把，其他国家也仿制了数百万把。

    在大量生产的40年历史中，C96少有改进，这并不是说毛瑟公司不重视，而是因为原始设计已经很完美。C96是丑得可爱

基本参数	
口径	7.63/9 毫米
全长	288 毫米
枪管长	140 毫米
空枪重量	1130 克
有效射程	100 米
枪口初速	425 米／秒
弹容量	6/10/20/40 发

的典型，而"丑"的背后是让人惊叹的神奇——整支枪没有使用一个螺丝或插销，却做到了所有零件严丝合缝，其构造让现代手枪也为之汗颜。

加装枪托的毛瑟 C96 手枪

枪体构造

    C96在击发时，后坐力可使枪管兼滑套及枪机向后运动，此时枪膛仍然处于闭锁状态。由于闭锁榫前方钩在主弹簧上，因此有一小段自由行程。由于闭锁机组上方的凹槽，迫使闭锁榫向后运动时，只能顺时针向下倾斜，因此脱出了枪机凹槽。此时,枪管兼滑套因为闭锁榫仍套在其下，后退停止。枪机则因为闭锁榫脱出，得以自由行动，完成抛壳等动作，最后因力量用尽，复进簧将枪机推回、上弹，回复待击状态。

毛瑟 C96 手枪分解图

性能解析

　　C96手枪是世界上第一种量产型冲锋手枪,具有射程远、装弹量大、射击精度相对较好等特点。当它全自动射击时,能在50～80米距离内形成猛烈的火力,又由于枪套是木制盒子,将其倒装在握柄后,立即转变为一支冲锋枪,能够成为肩射武器。

服役记录

　　一战期间,德国陆军向毛瑟公司购买了15万把9毫米口径的C96手枪,与本为制式手枪的鲁格P08作

毛瑟 C96 手枪后侧方特写

搭配,为了避免士兵误用7.63毫米弹药,这种9毫米口径的手枪在木制握把

刻印了一个红色的"9"字做记号，因此名为Red 9。在战争结束前毛瑟公司交付了137000把装备德国陆军，这是德国陆军正式装备此枪的唯一记录。

毛瑟 C96 手枪左侧方特写

10 秒速识

毛瑟C96手枪的枪套是一个木制的盒子，握把也由木料制成。

毛瑟 C96 手枪及枪套

德国 HK MP7 手枪

HK MP7 手枪是由 HK 公司设计生产的一款全自动手枪。

研发历史

继FN公司推出P90冲锋手枪做个人防卫武器之后，其他国家也开始研发类似的防卫武器。20世纪80年代，HK公司研发了一种无壳弹手枪——G11 PDW无壳弹手枪，不过该手枪并没有正式量产，这计划最后也被取消。20世纪90年代，英国皇家军械公司与HK公司合作展开了一项名为"PDW武器"的研发活动，前者负责研发弹药，后者负责研发枪械。2001年，计划中的新型枪械正式推出，HK公司最初并没有赋予它正式名称，只称为PDW，直到正式量产时才有了自己的名字，称为HK MP7冲锋手枪。

基本参数	
口径	4.6 毫米
全长	638 毫米
枪管长	180 毫米
空枪重量	1900 克
有效射程	200 米
枪口初速	724.81 米 / 秒
弹容量	20/30/40 发

HK MP7 手枪右侧方特写

枪体构造

　　HK MP7手枪装有特制的消声器，而枪支不会因为消声而降低其精确度、贯穿力及射速。该枪可选择单发或全自动发射，弹匣释放钮设计与HK USP相似，可选配20发容量短弹匣或40发容量长弹匣，也有30发容量弹匣。全枪由三颗销钉固定，射手只需用枪弹作为工具就可以将HK MP7手枪基本分解。

HK MP7 手枪"透视"照

性能解析

　　HK MP7手枪采用4.6×30毫米口径的子弹，由早年的实验性HK36突击步枪的4.6×36毫米口径弹药缩短而成。这种弹药有极轻的重量和低后坐力等优点，比9毫米口径的子弹威力更强，可有效地提供足够的穿透力，而且后坐力很小，有效射程也较远，只是制止能力不太理想。

HK MP7 手枪左侧方特写

衍生型号

型 号	特 点
MP7A1	改良了部件，重量轻微增加
MP7-SF	移除连发功能的型号
MP7A2	握把改为固定式并在枪身两侧装配 M1913 导轨

HK MP7 手枪

服役记录

HK MP7目前仍有少部分部队使用，使用者主要是警察、特警及特种部队。除了德国特别行动突击队、德国联邦警察第九国境守备队、KSK及陆军外，英国国防部警察、特种空勤团、梵蒂冈的瑞士近卫队、美国海豹部队第六小队、联合国等也有采用。

HK MP7 手枪上方视角

10 秒速识

HK MP7手枪大量采用塑料作为枪身主要材料，瞄准方式则采用折叠式的准星照门，并在上机匣装置了标准的M1913导轨，允许使用者自行加装各式瞄具。

HK MP7 手枪及配件

德国 HK VP70 手枪

　　HK VP70手枪是HK公司设计生产的一款新颖的、结构特殊的全自动手枪。

▌▌▌▶ 研发历史

　　20世纪60年代末期，德国HK公司一改以前的手枪设计方式，要求新型手枪既具有精准的单发射击功能，也能变换成像冲锋枪那样有连续火力。20世纪70年代初期，HK公司开始将这一设计理念付诸实践，经过一段时间的苦苦钻研，最终推出了HK VP70手枪。

基本参数	
口径	9 毫米
全长	204 毫米
枪管长	116 毫米
空枪重量	820 克
有效射程	50 米
枪口初速	360 米 / 秒
弹容量	18 发

HK VP70 手枪及弹匣

HK VP70手枪靠套筒惯性和复进簧控制套筒的后坐运动。该枪的一个重要的特点是双动结构，因此，枪上没有保险装置；另一个特点是大量采用塑料件和铝制件。手枪独立使用时只可单发半自动射击，安装上塑料聚合物枪托（枪套）后可进行三点

HK VP70 手枪左侧方特写

发射击，理论射速达到每分钟2200发，而射击模式选择钮装在枪托上。该枪为纯双动式扳机设计，为了避免新手使用时发生走火的意外事故，所以扳机扣力较重。不过，这点也使射手有点难以进行精确瞄准。

▶ 性能解析

　　HK VP70手枪不仅是HK公司的转型之作，也是第一种以聚合物料制造的手枪。虽然性能略差，但它使用的材料和部分设计原理，为日后制造轻量型手枪开辟了通道。

HK VP70 手枪侧方特写

▶ 服役记录

　　HK VP70手枪于1973年正式上市，1989年停产，主要在意大利民用市场发售，而9×19毫米口径的版本主要提供给军队及警队。

HK VP70 手枪及弹匣

HK VP70手枪除了使用聚合物料制造外，最独特的是一体式枪套连枪托，套筒座也是采用塑料制作。

安装枪托的 HK VP70 手枪

意大利伯莱塔 93R 手枪

93R 手枪是伯莱塔公司设计生产的一款全自动手枪。

研发历史

M1951手枪是伯莱塔公司于20世纪中期设计生产的一款半自动手枪。由于该枪性能太差，所以自推出就一直反响平平。但伯莱塔公司并没有放弃这一款手枪，仍想将其重新包装，再次打入市场。

20世纪70年代，意大利恐怖活动日益猖獗。为保证执法单位人员安全，伯莱塔公司打算设计一款火力强大、可随身携带的小型武器。恰巧他们又想重新打造M1951手枪，于是就以该枪为蓝本，推出了一款全自动型手枪——伯莱塔93R手枪。

基本参数	
口径	9 毫米
全长	250 毫米
枪管长	157 毫米
空枪重量	1170 克
有效射程	50 米
枪口初速	375 米 / 秒
弹容量	20/15 发

伯莱塔 93R 手枪上方视角

枪体构造

伯莱塔93R手枪采用单动式扳机设计，这是与伯莱塔92手枪最大的不同。另外，该枪可选择单发或三发点射，所以比伯莱塔92手枪多出了一个射击选择钮，位置在拇指的上方，当选择钮对准上方的一个白点时，手枪只能射出一发子弹，对准下方的三个白点时，则可以1100发/分的射速打出3发子弹。伯莱塔93R标准配备是20发的长弹匣，不过也可以使用15发弹匣。

伯莱塔 93R 手枪不完全分解

性能解析

　　伯莱塔93R手枪的三发点射模式表面上看起来可以节省子弹、提高命中率，事实上却限制了火力的发挥。

伯莱塔 93R 手枪及弹匣、子弹

服役记录

伯莱塔93R手枪并没有发售民用型，只在执法单位有需求时依需求数量而生产。但是在美国的伯莱塔公司还是发行了纪念版93R，总共1000支。这些手枪的外壳以镁合金材质制成，而在枪机底部则刻有特殊序号和号码，该版本只在美国本土发行。由于执法人员对此产品的评价一向不高，所以该枪很难打入市场，现在早已停产。

伯莱塔 93R 手枪及子弹

10 秒速识

与M1951外观最大的不同就是，伯莱塔93R手枪拥有长枪管、长弹匣，以及增加了握把及可拆卸的枪托。枪管前端有为了压抑发射时枪口上扬所开的开口，初期型为长方形六孔，后期型则改成菱形三孔。

伯莱塔 93R 手枪特写

俄罗斯斯捷奇金 APS 手枪

APS手枪是由苏联枪械设计师伊戈尔·斯捷奇金设计、图拉兵工厂生产的一款全自动手枪。

研发历史

二战结束后，苏联为了增强本国军队作战能力，同时也为了给后勤人员提供一种优秀的自卫武器，开始设计一种新型手枪，其对该手枪的要求是：能够发射新的9×18毫米马卡洛夫手枪弹，能进行半自动、全自动射击和可以驳接枪托，并且在全自动射击时容易操控。随后伊戈尔·斯捷奇金根据这些苛刻的要求设计出了APS斯捷奇金手枪。

基本参数	
口径	9 毫米
全长	225 毫米
枪管长	140 毫米
空枪重量	1220 克
有效射程	50 米
枪口初速	340 米 / 秒
弹容量	20 发

APS 手枪前侧方特写

枪体构造

斯捷奇金APS手枪是一种使用简单的反冲作用机制运作的枪械，可通过滑套上的选择杆来选择全自动或半自动射击。为了在全自动射击时容易控制，APS手枪在握把内安装了一个插棒式弹簧缓冲器，并把套筒后坐行程延长到相当于马卡洛夫手枪弹长度

APS 手枪特写

的2倍，使理论射速降低到一分钟600发。

为了进一步增大射程和提高全自动射击时的散布精度，APS手枪采用了一种可驳接到手枪上充当枪托的硬壳式枪套，即可以通过腰带卡把枪套挂在腰上，也可以通过手枪握把尾端的引导槽驳接枪套，当作枪托使用。

▐▶ 性能解析

　　APS手枪有良好的设计精准度和较大的弹容量，既能以半自动模式准确迅速地射击，也能在室内近战的紧急情形下进行全自动射击。

　　APS手枪是世界上唯一被列为制式武器的全自动手枪，虽然在推出伊始有着诸多缺陷，但经过不断的改进，至今已是一款性能优异的防卫、近战武器。而且现在大多数同类武器，其设计都参考了APS手枪的设计原理。

安装枪托的 APS 手枪

▐▶ 服役记录

　　该枪除了俄罗斯有采用以外，一些苏联加盟共和国及少数国家也有装备。自2015年俄罗斯战机被土耳其击落并导致一名飞行员遭叛军杀害后，俄罗斯空军决定为其派往叙

APS 手枪枪口特写

利亚空袭达伊沙和反对派叛军的飞行员装备斯捷奇金APS手枪以作为防身武器。

 10 秒速识

APS手枪采用木制枪托，固定片形准星安装在套筒前方，缺口式照门的射程可调，表尺刻度有25米、50米、100米和200米。

APS 手枪后侧方特写

俄罗斯 PP-2000 手枪

PP-2000是一支由俄罗斯图拉KBP仪器设计厂研制的一款全自动手枪。

 研发历史

PP-2000手枪由图拉KBP仪器设计厂的著名设计师戈里亚捷夫院士和什浦诺夫教授（俄军新一代制式手枪中的GSh-18手枪也出自此二人之手）主持设计，2004年夏季首次公开亮相，很快以新奇的外观和可观的威力吸引了众多眼球。

基本参数	
口径	9 毫米
全长	340 毫米
枪管长	182 毫米
空枪重量	1400 克
有效射程	100 米
枪口初速	460 米 / 秒
弹容量	20/44 发

PP-2000 手枪及弹匣

枪体构造

PP-2000是一种传统的后坐力操作武器，枪口可装置消声器，机匣顶部的MIL-STD-1913战术导轨可装置红点镜（或是全息瞄准镜）以更适合战斗，快慢机可由大拇指直接操作，拉机柄可以左右转动。早期的PP-2000能够把备用的44发可拆卸式弹匣装在枪的后方，可以用作储存及充当枪托。不过由于不实用，在量产型时已被金属线所制成的折叠枪托所取代。

PP-2000 手枪不完全分解图

▍▍▍▶ 性能解析

　　PP-2000被设计成为一种个人防卫和近距离作战两用的武器，它的设计十分紧凑，能够以最小体积发挥强大的火力。PP-2000可以发射俄罗斯以外生产的任何商业市场上的9×19毫米北约口径的手枪子弹，并可以使用专门设计的新型7N21和7N31两种高膛压穿甲型手枪子弹。这两种子弹能让使用者攻击障碍物后或在车内的敌人，同时保留了使用原来的9×19毫米鲁格弹以达到较穿甲弹要好的制止力。

PP-2000 手枪上方视角

▍▍▍▶ 服役记录

　　2008年，PP-2000手枪被俄罗斯警方采用，以取代从苏联时期使用迄今的AKS-74U卡宾枪。

PP-2000 手枪侧方特写

10 秒速识

　　PP-2000手枪的枪身由耐用的单块式聚合物制作而成，扳机护圈也被加大，并且在前方装有一个小型向下凸块。

单手握持下的 PP-2000 手枪

捷克斯洛伐克 Vz.61 手枪

　　Vz.61手枪是由捷克斯洛伐克扎斯塔瓦武器公司（Zastava Arms）生产的一款全自动手枪。

研发历史

Vz.61手枪于20世纪50年代后期开始研制，其设计目的是向非前线战斗步兵单位提供一种重量轻，但比半自动手枪更有效的个人防卫武器。该手枪的原型在1959年推出，称为S-59手枪，在1961年正式获得采用时，被定型为"1961年型手枪"，或简称Vz.61。

基本参数	
口径	9 毫米
全长	270 毫米
枪管长	115 毫米
空枪重量	1300 克
有效射程	50 ~ 100 米
枪口初速	320 米 / 秒
弹容量	10/20 发

Vz.61 手枪上方视角

枪体构造

Vz.61冲锋手枪结构比较简单，采用传统的自由枪机式工作原理。枪身装有一个射速减缓器，当枪机后坐到位时，枪机撞击拨弹轮使其绕轴销向上转动，撞击缓冲簧顶杆，解脱枪机，并开始击发。Vz.61冲锋手枪可点射、连射。连发射击时，可使用折叠钢丝枪托。与其配套的附件还有瞄准装置、消声器、臀挎手枪套和肩挎手枪套等。该枪采用机械瞄准具，前方为柱形准星、后方为觇孔照门。

不完全分解的 Vz.61 手枪

Vz.61手枪既可以作为近距离作战中的突击武器，也可以作为个人防卫武器，该枪因尺寸小极易隐藏，消声效果也极好，而且在近距离有着无可比拟的火力优势。其大小很适合被车辆司机、飞机驾驶员及从事间谍活动的特工携带及使用。

Vz.61 手枪右侧方特写

衍生型号

型号	特点
S-59	原型枪
SA Vz. 61 E	使用塑料制手枪握把
SA Vz. 64	发射 9×17 毫米短弹
SA Vz. 65	发射 9×18 毫米马卡洛夫弹
Sa Vz. 68	发射 9 毫米鲁格弹
Sa Vz. 82	发射 9×18 毫米马卡洛夫弹

Vz.61 手枪上方视角

服役记录

Vz.61手枪主要装备捷克斯洛伐克特种部队和警察，有一部分非洲国家的军队和警察也装备了该枪。目前已知印尼的青蛙司令部（Kopaska）战术潜水小组和特种部队司令部装备了Vz.61手枪。

Vz.61 手枪前侧方特写

10 秒速识

　　Vz.61手枪弹匣装在机匣底部，并配有一具可折叠式枪托。快慢机位于机匣左边后部，手枪握把的上方。它具有三个模式，"0"为保险模式、"1"为半自动射击模式，而"20"则为全自动射击模式。

Vz.61 手枪及弹匣

瑞士 B&T MP9 手枪

B&T MP9是由位于瑞士图恩的布鲁加·托梅（简称：B&T）公司设计及生产的一款全自动手枪。

研发历史

2001年美国"9·11"事件之后，布鲁加·托梅通过市场调查，开始分析全球国际军队、警特种部队的需求。经过分析研究之后，便迅速投入力量开发一种新型个人防卫武器。

基本参数	
口径	9 毫米
全长	303 毫米
枪管长	130 毫米
空枪重量	1400 克
有效射程	50 ～ 100 米
枪口初速	400 米 / 秒
弹容量	15/20/25/30 发

不过布鲁加·托梅公司并没有自行设计，而是向奥地利的施泰尔·曼利夏公司购买了该公司已经研制成功但只有少量投放市场的施泰尔TMP战术冲锋枪，并且连同全部专利权、商标权和在世界范围的生产权一起购买。布鲁加·托梅公司再加上广泛汲取来自警察、部队的许多使用者的经验，并参考大多数如今还在市场销售的冲锋枪的结构，在TMP的基础上对其进行全面的改进，产生现在的MP9手枪。

安装战术配件的 MP9 手枪

枪体构造

MP9全枪所有零部件浑然一体，即使装上战术配件，线条仍然十分流畅。它采用了新型工程塑料制造，抗腐蚀性强，即使在海水中使用也不会生锈。由于MP9是以原来的TMP的设计再经过改进而成的，因此MP9也装有向前倾的前握把，而在连发时的稳定和准确度亦与TMP相似。全自动射击MP9时，发射数发子弹之后便自动稳定，然后会准确命中目标。在紧急情况下，可以像手握手枪般单手握持并且半自动或全自动射击，但散布面会稍大。

MP9 手枪及弹匣、子弹

性能解析

MP9的设计充分考虑到人体工学，使用非常简单，质量可靠，精确度高，可以在紧急时单手使用，最初设想是作为个人防卫武器，给非常规战斗

MP9 手枪上方视角

人员例如军官、炮兵、火车车组人员等使用。

衍生型号

型 号	特 点
B&T TP9	民用型
B&T TP9SF	半自动民用型
B&T MP9N	采用与 HK MP5 系列相似的旋转杆式快慢机

MP9 手枪前侧方特写

服役记录

MP9目前在少部分部队使用，主要是警察、特种警察及特种部队。装备MP9的国家有美国、法国、比利时、印度、波兰等。

黑色涂装的 MP9 手枪

▌▌▌▌▶ 10秒速识

　　MP9手枪采用高强度聚合物制成半透明弹匣，折叠式枪托，机匣右侧的抛壳口可以加装一个弹壳收集袋。

MP9 手枪及配件

Chapter 4
左轮手枪

　　左轮手枪是一种个人使用的多发装填非自动枪械，由于该手枪在装弹时转轮由左摆出，因而称"左轮手枪"。因为其性能可靠、便于维护和便宜等特点，目前在一些警队、运动射击和私人防卫领域仍被人使用。

美国柯尔特"蟒蛇"手枪

"蟒蛇"（Python）手枪是由柯尔特公司设计生产的一款左轮手枪。

研发历史

  "蟒蛇"手枪于1955年推出。在设计时，最初的想法是准备把该手枪设计为一种加强型底把的9.65毫米口径特种单/双动击发的比赛级左轮手枪，结果由于偶然的决定，最后造就了一支以精度和威力著称的9毫米口径经典左轮手枪。由于其他研制左轮手枪公司（如美国SW公司）的实力也不弱，并设计出了更优秀的左轮手枪，致使"蟒蛇"左轮手枪销量开始

基本参数	
口径	9 毫米
全长	203 毫米
枪管长	63 毫米
空枪重量	935.5 克
枪口初速	400 米 / 秒
有效射程	50 米
弹容量	6 发

下降，因而柯尔特公司于1999年10月宣布停止量产该手枪，不过仍有一些小量的生产，导致销售商对限量生产的"蟒蛇"左轮手枪高价销售。 2005年，这种限量生产的也被终止。

加装瞄准镜的"蟒蛇"左轮手枪

▣ 枪体构造

　　"蟒蛇"手枪是一把双动操作的左轮手枪，最初的"蟒蛇"左轮手枪有皇家蓝色和镀光亮镍两种颜色，之后又推出了不锈钢和皇家蓝色。"蟒蛇"左轮手枪的扳机在完全扳上时，弹巢会闭锁以便于撞击子弹底火，在弹巢和击锤之间相差的距离较短，使扣下扳机和发射之间的距离缩短，以提高射击精度和速度。

"蟒蛇"手枪左侧方特写

性能解析

"蟒蛇"手枪的射击精准度较高，扳机扣动容易，拥有较紧密的弹仓闭锁。不过因过分追求射击精准度，它采用在持续射击过后就会比较"迟钝"的设计。这种设计在某些条件下，不仅弹巢会因为强迫击锥活动而不能够精确瞄准及射击，而且有时子弹可能会不能发射，导致射手被燃烧中的火药烧伤。

"蟒蛇"左轮手枪及其他配件

服役记录

"蟒蛇"手枪主要为民间使用，美国执法机关曾装备过一定数量。许多收藏家对它情有独钟，其中包括一些国家的著名人物。历史学家R.L.威尔逊曾形容"蟒蛇"手枪为"柯尔特左轮手枪中的劳斯莱斯"，而枪械历史学家伊恩.V.霍格也曾经形容它是"世界上最佳的左轮手枪"。

"蟒蛇"左轮手枪右侧方特写

⟩ 10 秒速识

　　"蟒蛇"左轮手枪采用大型I式底把，有一个兼具弹仓和膛室功能的转动式弹巢。

"蟒蛇"左轮手枪侧方特写

 美国柯尔特"巨蟒"手枪

　　"巨蟒"（Anaconda）是一款由柯尔特公司设计并生产的左轮手枪。

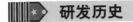
研发历史

　　"巨蟒"手枪于1990年开始销售，刚上市销售的"巨蟒"左轮手枪出现了精准度上的问题，这一型号被暂停销售了一段时间。该问题后来被查明来自枪管缺陷，改进后的手枪开始被重新销售。虽然发射具有巨大威力的子弹，但是该枪的后坐力相对并不大。1999年该型号停止销售。

基本参数	
口径	9 毫米
全长	245 毫米
枪管长	102 毫米
空枪重量	1300 克
有效射程	50 米
弹容量	6 发

"巨蟒"左轮手枪及子弹

枪体构造

　　"巨蟒"手枪结构简单，性能安全可靠，可轻易排除不发弹。除了握把以外均采用不锈钢精细加工，表面抛光，握把材质则有橡胶和木质两种，整体结构紧凑。其弹膛为一整体转轮，上面设有6个供安装子弹的弹槽，依次与枪管吻合，可单发射击。装弹和退弹时，手枪弹巢自手枪左侧退出，转轮上的6个弹巢入口处的斜面加工精细，有利子弹平稳装入。瞄准具有两种：第一种为机械瞄准具，由大型的片状星和表尺组成；第二种为光学夜视瞄准仪，于夜间使用。

"巨蟒"左轮手枪及黑色握把

性能解析

　　"巨蟒"手枪是二战后柯尔特公司最主要的双动式左轮手枪，因射击精确而闻名。由于威力较大，该枪更适合于打猎和射击比赛。

"巨蟒"左轮手枪上方视角

10 秒速识

　　"巨蟒"手枪的柯尔特奔马图案标于枪身左侧，序列号标于转轮下方的枪身。转轮栓位于枪身左侧、转轮后方。

"巨蟒"左轮手枪右侧方特写

 美国柯尔特"眼镜王蛇"手枪

"眼镜王蛇"（King Cobra）手枪是由柯尔特公司设计生产的一款左轮手枪。

研发历史

20世纪80年代，由于"蟒蛇"左轮手枪的销售市场有所动荡，致使柯尔特公司不得不开发另一款新型左轮手枪。诞生于19世纪的"骑兵"、M1851"海军"左轮手枪，虽然都已经"年迈"，但多年来累积了不少的"粉丝"。所以柯尔特公司为了稳住自己在左轮手枪市场上的地位，开始在这些古董左轮手枪上做文章。1986年，柯尔特公司以"骑兵"左轮手枪为基础，推出了"眼镜王蛇"左轮手枪。

基本参数	
口径	9 毫米
全长	191 毫米
枪管长	50.8 毫米
空枪重量	1191 克
枪口初速	430 米 / 秒
有效射程	50 米
弹容量	6 发

"眼镜王蛇"手枪上方视角

枪体构造

"眼镜王蛇"左轮手枪由"骑兵"左轮手枪为蓝本改进而来，改进的内容包括：装置增加强度的重型枪管，使用了在枪管底部的全尺寸型弹巢退壳杆保护凸耳以及在枪管顶部的一条厚实坚固的散热肋条等。

在1986-1992年间，"眼镜王蛇"左轮手枪使用非常高级的碳钢制造，并且使用当时柯尔特公司招牌的明亮而且高级抛光深皇家蓝色（烤蓝处理）处理。在1987—1992年和1994—1998年间还推出了磨砂不锈钢制版本，1988—1992年间有光泽的抛光型不锈钢可以选择。

"眼镜王蛇"手枪及子弹

性能解析

　　"眼镜王蛇"左轮手枪性能可靠、火力强大，用途非常广泛，主要可用于瞄准射击、自我防卫和狩猎。相比"蟒蛇"而言，其使用了更现代化的材料，虽然重量有所增加，但可靠性、火力等方面提高了很多，算得上是它的升级版。

"眼镜王蛇"手枪右侧方特写

服役记录

　　"眼镜王蛇"手枪于1986年推出，1992年首度停产。1994年，柯尔特重启"眼镜王蛇"手枪的生产线，直到1998年第二度停产，以后没有再生产。"眼镜王蛇"手枪主要服务于执法机关和民间枪械爱好者。

枪盒中的"眼镜王蛇"手枪

10 秒速识

　　"眼镜王蛇"手枪具有烤蓝钢和不锈钢两种表面处理类型，可以选择配备超大尺寸型核桃制瞄准型样式或硬橡胶制黑色连手指凹槽战斗样式握把，以及一个加大版瞄准型击锤。瞄准系统由固定的铁制红色刀片型准星以及一个完全可调的铁制白色轮廓的照门所组成。

"眼镜王蛇"手枪前侧方特写

美国柯尔特 M1917 手枪

M1917 左轮手枪（M1917 Revolver）是一把美国六发式左轮手枪。

研发历史

美国民间武器公司柯尔特和雷明顿以及其他公司根据合同为美国陆军生产M1911手枪，但是即使有额外的生产公司，仍然存在着M1911手枪数量上的短缺。这时临时的解决办法是要求美国两大左轮手枪的生产商，柯尔特和史密斯-韦森生产出适应标准的.45 ACP口径手枪子弹的重型底把民用型左轮手枪。两家公司的左轮手枪使用月形夹以抽离无缘底板式.45 ACP子弹。史密斯-韦森发明并获得半月夹的专利，但在陆军的要求下，让柯尔特在他们自己的M1917左轮手枪版本上也可免费使用该半月夹的设计。

基本参数	
口径	11.43 毫米
全长	270 毫米
枪管长	140 毫米
空枪重量	1100 克
枪口初速	231.7 米 / 秒
有效射程	50 米
弹容量	6 发

M1917 手枪及枪套

◆ 枪体构造

　　柯尔特M1917左轮手枪基本上与M1909相同，只是修改弹巢膛径以适应.45 ACP子弹，并可使用半月夹以保持无缘底板式子弹于弹巢内的位置。早期型柯尔特生产的左轮手枪，在没有半月夹下企图发射.45 ACP子弹的话是不可靠的，因为子弹会在弹巢内前后滑动、不易定位，因而远离击针。后来生产的柯尔特M1917左轮手枪已经能够在弹巢膛室部进行壳头间隙加工。

分解后的 M1917 手枪

性能解析

柯尔特M1917手枪主要用作射击训练，1920年，彼得斯弹药公司推出了.45 Auto Rim弹药，这个.45 ACP的带凸缘版本可让M1917左轮手枪在不需要半月夹情况下进行可靠的射击。

M1917 手枪上方视角

服役记录

在一战期间及一战结束以后的相当长的一段时间内，M1917手枪仍是美、英等国的制式装备。后来因为此枪的有效射程与美军的要求相去甚远，而改为美国警察专用枪械。除此之外，M1917手枪也同时出现在多个电影、电视剧和电脑游戏里。

M1917 手枪及其他配件

10 秒速识

　　柯尔特M1917手枪采用半月形弹夹，无底缘手枪弹，枪架与弹巢间间隙较大。

M1917 手枪及枪套

美国史密斯 - 韦森 M19 手枪

　　M19左轮手枪是史密斯-韦森公司设计生产，发射.357马格南或.38特种弹。

研发历史

20世纪50年代，就职美国边境巡逻队助理首席巡逻督察，同时又是手枪设计师以及作家的比尔·乔丹与SW公司研讨了"和平人员的梦想"这一专题，并提交了一份左轮手枪设计方案。随后，SW公司对该方案进行了审核，认为比较符合当时警用配枪标准，因此予以采纳。不过SW公司并不是原封不动地按照原方案进行生产，而是加入了自己的一些设计理念，并通过正常途径演变成自己的设计之后，才开始将该手枪投入量产。该手枪正是M19左轮手枪。

基本参数	
口径	9 毫米
全长	190 毫米
枪管长	63 毫米
有效射程	50 米
枪口初速	370 米 / 秒
弹容量	6 发
空枪重量	864.66 克

史密斯 - 韦森 M19 手枪上方视角

枪体构造

M19左轮手枪是K形底把结构设计中威力较强的一种，枪管长度有63毫米、102毫米和152毫米三种，多用于警用和个人自卫。

史密斯 - 韦森 M19 手枪前侧方特写

⬛⬛⬛⭐ 服役记录

史密斯-韦森M19左轮手枪的主要用户有美国边境巡逻队、德国联邦情报局和南澳大利亚警察等。

史密斯 - 韦森 M19 手枪及子弹、枪套

10秒速识

史密斯-韦森M19左轮手枪的设计采用K形结构，有标准的可调定位照门。

史密斯 - 韦森 M19 手枪特写

美国史密斯 - 韦森 M22 手枪

M22左轮手枪是由史密斯-韦森公司设计生产的一款精致商业版手枪。

研发历史

柯尔特公司的M1917左轮手枪在20世纪初期有着不俗的影响力，虽然只是一种用于射击训练的手枪，但其有着良好的可靠性和优秀的射击精准度，所以当时仍有不少美国士兵和军官喜爱它。之后，SW公司与柯尔特公司达成协议，后者同意前者对M1917左轮手枪进行改进，当然销售后所获得的金钱按照一定的比例分账。在得到柯尔特公司的同意后，SW公司对M1917左轮手枪进行了一系列的不同程度的改进（如换装N形底把），并更名为M22左轮手枪。

基本参数	
口径	11.43 毫米
全长	234.95 毫米
枪管长	101.6 毫米
有效射程	50 米
枪口初速	385 米 / 秒
弹容量	6 发
空枪重量	1043.26 克

史密斯 - 韦森 M22 手枪右侧方特写

枪体构造

M22是一把大型底把双动左轮手枪，使用半月夹或全月夹钩住子弹勾槽以协助发射.45 ACP、.45 Auto Rim和.45 GAP这三种手枪子弹。

史密斯 - 韦森 M22 手枪上方视角

性能解析

M22左轮手枪是一种精准度很高的武器，扳机扣力较为平滑。

史密斯 - 韦森 M22 手枪右侧方特写

服役记录

作为二线限量生产的左轮手枪，M22左轮手枪在2007年以"雷霆牧场左轮手枪"（Thunder Ranch revolver）之名被重新引入。

史密斯 - 韦森 M22 手枪特写

10 秒速识

　　M22左轮手枪使用N形底把，通常配有无底部凸杆枪管，固定战斗型机械瞄具。其瞄准型型号是M25和M26。

史密斯 - 韦森 M22 手枪

美国史密斯 - 韦森 M27 手枪

M27是由史密斯-韦森公司（SW公司）设计生产的一款左轮手枪。

研发历史

20世纪30年代初期，全球许多国家发生了不同程度的经济大衰退，当时人均收入、税收等方面下挫，失业率剧增（美国著名滑稽演员卓别林的电影《摩登时代》足以诠释当时的失业状况）。受经济大衰退的影响，在美国境内时常发生一些偷盗、抢劫等治安案件，为了维护平民日常生活

基本参数	
口径	9 毫米
全长	235 毫米
枪管长	101.6 毫米
空枪重量	1374.95 克
枪口初速	285 米 / 秒
有效射程	50 米
弹容量	6 发

安全，美国政府需要加强其警察部队的武装力量，于是在20世纪30年代中期向SW公司寻求帮助，要求后者设计了一款警员专用配枪。领取该任务后，SW公司最终推出了M27左轮手枪，由于时处于经济大衰退期间，所以该手枪的价格极其昂贵。

史密斯 - 韦森 M27 手枪左侧方特写

枪体构造

　　用户可以根据自身喜好，为M27手枪更换不同长度的枪管、握把、准星、扳机、击锤及进行不同程度的表面处理。同M60左轮手枪一样，M27手枪也可以使用.38特种弹或.357马格努姆弹。

史密斯 - 韦森 M27 手枪套装

性能解析

　　M27左轮手枪有着优秀的耐用性和可靠性，当时深受美国联邦调查局特工欢迎。巴顿将军曾称呼自己所使用的M27转轮手枪为"杀戮之枪"。M27手枪拥有优美的外形、精准的射击度以及巨大杀伤力，在各方面力压同时期的其他左轮手枪。

史密斯 - 韦森 M27 手枪上方视角

衍生型号

型号	特点
史密斯 - 韦森 M627	8 发弹巢和不锈钢底把版本
史密斯 - 韦森 M327	8 发弹巢和钛合金底把版本

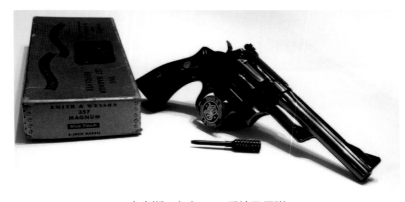

史密斯 - 韦森 M27 手枪及子弹

服役记录

M27左轮手枪是由SW公司设计生产的，主要用于警察人员，由于有着不错的性能，曾在多部电影、电视剧和电脑游戏中亮相，例如《巴顿将军》（1970年）、《神秘博士》（2005年）和《使命召唤：世界战争》（2008年）。

史密斯 - 韦森 M27 手枪后侧方特写

10 秒速识

M27手枪除了能够使用不同长度的枪管以外，还可使用不同的握把、准星、扳机、击锤及进行不同程度的表面处理。

枪盒中的史密斯 - 韦森 M27 手枪

美国史密斯 - 韦森 M28 手枪

M28左轮手枪是史密斯-韦森公司以M27为基础设计的一款手枪。

研发历史

史密斯-韦森公司在推出M27左轮手枪之后，就想着要简化该手枪设计，以降低生产成本，使销售价格下调。另一方面，20世纪50年代初期，美国警察部队需要装备一款性能优越、价格低廉的手枪。基于上述两方面的原因，史密斯-韦森公司最终以M27左轮手枪为基础，对其进行了一些修改，推出了M28左轮手枪。

基本参数	
口径	9 毫米
枪管长	101 毫米
有效射程	50 米
枪口初速	285 米 / 秒
弹容量	6 发
空枪重量	1162.33 克

史密斯 - 韦森 M28 手枪前侧方特写

枪体构造

　　M28左轮手枪摒弃了一些M27的"昂贵"设计思路（例如高质抛光表面处理的光洁度），以达到降低生产成本而不会降低效用的目的。M28左轮手枪使用烤蓝表面处理方式，而不是使用抛光表面处理方式，以节省手工生产的成本。顶框和底把圆弯部分以微珠喷砂实现了其哑光的外观。

史密斯 - 韦森 M28 手枪向左摆出转轮

服役记录

　　M28左轮手枪在生产期间大多数产品很稳定地卖给了警察和喜爱射击运动的平民。除了美国，还有意大利、挪威、英国等国也在使用M28左轮手枪。

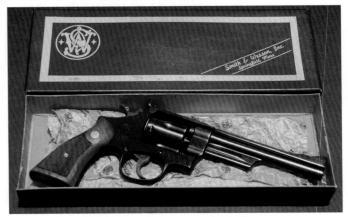

包装盒里的史密斯 - 韦森 M28 手枪

10 秒速识

　　M28左轮手枪采用 6 发式碳钢 N 形底把，使用烤蓝表面处理。

史密斯 - 韦森 M28 手枪后侧方特写

美国史密斯 - 韦森 M29 手枪

M29是由史密斯-韦森公司（SW公司）设计生产的一款左轮手枪。

研发历史

20世纪50年代，在美国许多人热爱野外射击运动，比如在野外猎杀一些大型食肉动物，不过当时人们没有太多威力适中，且性能优秀的小型武器。SW公司针对这一状况，开始研发一款专用于大型危险狩猎射击活动的武器。1957年，SW公司考察了不同的野外环境，结合客户反馈的有用信息，设计出了M29左轮手枪。虽然设计M29手枪的初衷是用于野外射击，但由于性能比较突出，所以也大受一些执法部门的欢迎。推出M29左轮手枪之后，SW公司以其为基础设计了众多型号的限量或个人化定制版本，目前已经生产多达10种衍化版本。

基本参数	
口径	11.17 毫米
全长	193.6 毫米
枪管长	66.6 毫米
空枪重量	1250.21 克
枪口初速	448 米 / 秒
有效射程	50 米
弹容量	6 发

史密斯-韦森 M29 手枪及子弹

▌▌▌▶ 枪体构造

M29左轮手枪结构非常简单，所用的零件数量也很少，但枪杀伤力惊人，且安全可靠。和部分左轮手枪一样，如果一发子弹突然瞎火，再扣动扳机后，另一发子弹就会对准枪管待击，非常有实战价值，特别适用于近距离应急自卫。

史密斯-韦森 M29 手枪右侧方特写

▌▌▌▶ 性能解析

M29左轮手枪在猎杀大型动物（黑熊、野猪等）时效果不错，使用的弹药弹壳长度增大，使装药量增多，从而让初速、动能都比一般的子弹更大。另外，该枪双动扳机扣力平滑，单发击发时扳机更轻，射击精准度也更高。

史密斯 - 韦森 M29 手枪右侧方特写

衍生型号

型 号	特 点
史密斯 - 韦森 M629	M29 的不锈钢底把版本
史密斯 - 韦森 M329	M29 的钪合金底把版本
安静特殊用途左轮手枪	装有较新型、较短的滑膛枪管
山地枪	枪管轻量化版本

史密斯 - 韦森 M629 左轮手枪

服役记录

从1971年开始，当克林·伊斯威特主演的热门电影《肮脏哈利》（以及其四个续集）当中以"世界上火力最强的手枪"让M29手枪声名远扬后，便吸引了众多的手枪爱好者、执法人员和猎人的注意力。随着该电影的发行，零售商经常遇上M29供不应求的问题。

史密斯 - 韦森 M29 手枪及子弹

10 秒速识

史密斯-韦森M29手枪采用N形（大型）碳钢左轮手枪底把，2003年开始推出更大的X形底把。

史密斯 - 韦森 M29 手枪上方视角

美国史密斯 - 韦森 M36 手枪

M36是一款由美国枪械公司史密斯-韦森研制及生产的5发式左轮手枪。

研发历史

二战后，史密斯-韦森试图设计一把尺寸短小而可轻易包装隐藏的左轮手枪，发射相对而言更为强大的.38特种弹。因为旧式的I形底把无法承受该弹药的装药量，因而设计了一个新型底把，这成为史密夫韦森J形底把。

1950年，该新型设计在警察局长的国际协会（IACP）会议推出，备受好评。并举行

基本参数	
口径	9 毫米
全长	158 毫米
枪管长	46 毫米
空枪重量	552.8 克
有效射程	23 米
弹容量	5 发

了一场表决为新型的左轮手枪命名，获命名为"总督察特种型"（Chiefs Special）。由于需求量大，这种版本随即投产。该版本还可分别选用烤蓝或是镀光亮镍两种表面处理方式。它以"总督察特种型"手枪之名生产，直到1957年，成为现在的M36左轮手枪。

史密斯 - 韦森 M36 手枪上方视角

枪体构造

　　M36手枪枪身小巧而紧凑，是一种双动操作式左轮手枪，转轮栓位于枪身左侧、转轮后方。退弹时向前推转轮栓，向左旋出转轮。后按退壳杆退出弹巢中的弹壳或枪弹。

史密斯 - 韦森 M36 手枪右侧方特写

衍生型号

型号	特点
史密斯 - 韦森 M36 手枪轻便型	采用铝制枪身和转轮，空枪重 298 克
史密斯夫人手枪	J 形枪身

史密斯 - 韦森 M36 手枪后侧方特写

服役记录

多年来，M36是许多警察机构，包括纽约市警察局的警探和便衣刑警的制式携带武器。许多警察将M36手枪用作他们在执行主要任务时的自卫武器。20世纪70年代中期，M36配发给北卡罗来纳州高速公路巡警的管理和指挥警员并用作随身携带的职务执行武器。

史密斯 - 韦森 M36 手枪及子弹

░░░⟩ 10 秒速识

　　M36手枪具有5发容量的可摆出式弹巢，并具有外露式击锤。它具有镀镍或烤蓝表面处理和木质或橡胶握把。

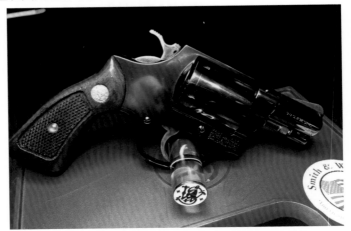

史密斯 - 韦森 M36 手枪左侧方特写

美国史密斯 - 韦森 M60 手枪

M60 是由史密斯 - 韦森公司设计和生产的一款左轮手枪。

研发历史

柯尔特公司在美国是设计制造左轮手枪的"专业户"，其设计技术和资金实力都毋庸置疑，与之匹敌的是成立于1852年的SW公司。在历经一战、二战和多次局部战争之后，这两家"左轮手枪公司"在设计左轮手枪这一领域的经验和技术更上一个台阶，推出了不同用途、各种型号的左轮手枪。1955年，柯尔特公司推出了"蟒蛇"左轮手枪，并引起了不小的轰动，占据了大量的"左轮"手枪销售市场。而作为老牌"左轮公司"SW也不甘示弱，于1965年推出了M60左轮手枪。

基本参数	
口径	9 毫米
全长	127 毫米
枪管长	54 毫米
空枪重量	637.8 克
枪口初速	325 米 / 秒
有效射程	23 米
弹容量	5 发

史密斯 - 韦森 M60 手枪右侧方特写

枪体构造

M60左轮手枪结构设计以及表面处理都做得相当完美，其所有接合处的表面，如枪管与枪身、退壳杆与侧板等处都处理得非常精细；那些难以加工的地方，如扳机护圈，枪身轮廓、枪管下方的凸耳等也做得相当好。

这些被人忽视的细节被SW公司精心设计，使全枪看起来相当完美。由于在瞄准射击时，过于光滑的枪管表面会产生反光，所有枪管上端面设计有锯齿状条纹。为了安全，在转轮解脱杆正上方设有一个锁定装置，将钥匙插入锁定装置中，顺时针转动就可以使用该枪了。

史密斯 - 韦森 M60 手枪及子弹

性能解析

M60左轮手枪的枪管给人的感觉相当舒服，且与枪身的其余部分比例搭配完美。在野外狩猎或者进行射击活动时，该枪是一个不错的选择，射手可以根据不同情况，换用.38特种弹或.357马格努姆弹。

枪盒中的史密斯 - 韦森 M60 手枪

服役记录

在越战期间，参战的美军尤其珍爱M60手枪，因为它有非常好的抗锈蚀能力。M60手枪同时也得到警察的广泛认可。

史密斯 - 韦森 M60 手枪右侧方特写

10 秒速识

M60手枪具有5发可摆出式弹巢，并设有一个外露式击锤。该手枪照门为方形缺口式，可调整高低和风偏，准星为斜坡式，且斜坡上有一个内凹的红点。

史密斯 - 韦森 M60 手枪转轮特写美国史密斯 - 韦森 M327 TRR8 手枪

美国史密斯 - 韦森 M327 TRR8 手枪

　　M327 TRR8手枪是由史密斯-韦森公司（SW公司）设计生产的一款8发式左轮手枪。

研发历史

基本参数	
口径	9 毫米
全长	267 毫米
枪管长	127 毫米
空枪重量	1000 克
枪口初速	325 米 / 秒
弹容量	8 发

　　传统左轮手枪都使用钢或不锈钢材料制成，一般全枪质量较大，不便携行。为应对市场需求，史密斯-韦森一直追求左轮手枪向轻量化的方向发展，不断探寻新材料。1950年年初，随着航空技术的发展，史密斯-韦森开始采用铝合金制作转轮座，使左轮手枪的全枪质量大为减轻，但铝合金的强度不高，并非理想材料。自1998年开始，史密斯-韦森将左轮手枪的枪管套、转轮座采用比钢轻得多的钛合金材料制作。但使用钛合金的转轮座往往又达不到相应的强度，因而史密斯-韦森又开始积极寻找质量较轻、强度高的理想材料，最终将目光转向了采用稀有金属钪合成的钪合金。另一方面，随着需求的增加，激光瞄准器、战术灯等附件纷纷通过导轨加装在军警用半自动手枪上，以满足战术使用要求。在半自动手枪向战术型转变进行得如火如荼之时，左轮手枪也不甘落后。正是基于两大创新元素，诞生了M327 TRR8手枪。M327 TRR8手枪是

以史密斯-韦森M327（史密斯-韦森M27的8发弹巢和钪合金底把版本）为蓝本研制及生产的8发式N形底把双动操作式战术型左轮手枪。

史密斯 - 韦森 M327 TRR8 手枪及配件

枪体构造

M327 TRR8枪管下方和转轮座顶部设有两个可拆卸式附件导轨，可以附加光学瞄准镜和激光瞄准器等，实现了左轮手枪战术化的理念。

枪盒中的史密斯 - 韦森 M327 TRR8 手枪

性能解析

　　M327 TRR8手枪使用钪合金，既不会出现转轮座强度不足的问题，又实现了高度轻量化，并且可以发射大威力马格努姆子弹。

枪展中的史密斯 - 韦森 M327 TRR8 手枪

10 秒速识

　　M327 TRR8手枪转轮座为钪合金，具有实心底把连可摆出式弹巢。

黑色涂装的史密斯 - 韦森 M327 TRR8 手枪

美国史密斯 - 韦森 M460 手枪

M460是一款由美国枪械公司史密斯-韦森研制及生产的5发式左轮手枪。

研发历史

M460被设计为一把适用于非洲和阿拉斯加的狩猎和危险游戏的防卫型左轮手枪。该左轮手枪建构于史密斯-韦森公司被称为X形底把的最大最强的平台上。M460

基本参数	
口径	11.68 毫米
全长	254 毫米
枪管长	88.9 毫米
空枪重量	1686 克
枪口初速	640 米 / 秒
有效射程	50 米
弹容量	5 发

枪盒中的史密斯 - 韦森 M460 手枪

手枪在2005年首次亮相以后，就赢得了射击工业学院年度手枪优秀奖。

▐▌▌▌▶ 枪体构造

　　M460的基本设计是以其他的X形底把左轮手枪为基础，史密斯-韦森曾称该手枪是"当今世界初速最高的批量生产左轮手枪"。这把左轮手枪的枪管膛线是独一无二的，它最初的膛线缠距为缠距较慢的1∶100，然后逐渐地加快到1∶20，以适应弹药的高膛压性质。

史密斯 - 韦森 M460 手枪右侧方特写

▐▌▌▌▶ 性能解析

　　由于M460手枪发射200格令弹头的枪口初速和枪口能量分别达到640米／秒和3253.968焦耳，使该手枪成为世界上最强大的.45口径批量生产左轮手枪。

装有战术组件的史密斯 - 韦森 M460 手枪

衍生型号

型 号	特 点
M460 ES	应急求生套件型
M460 V	装有枪口制退器
M460 XVR	极限初速左轮手枪

史密斯 - 韦森 M460 手枪

10 秒速识

M460手枪可借由枪管首部的孔和原厂的氖瞄准具来进行分辨。

史密斯 - 韦森 M460 手枪上方视角

美国史密斯 - 韦森 M500 手枪

M500是一款由美国枪械公司史密斯-韦森研制及生产的5发式左轮手枪。

研发历史

很多人都认为"沙漠之鹰"是威力最大的手枪，其实不然，美国史密斯-韦森公司（Smith & Wesson，后文统称为SW公司）研制的M500左轮手枪口径比"沙漠之鹰"大，威力更胜一筹。

基本参数	
口径	12.7 毫米
全长	228.6 毫米
枪管长	70 毫米
空枪重量	1550 克
有效射程	50 米
枪口初速	632 米 / 秒
弹容量	5 发

史密斯 - 韦森 M500 手枪枪管特写

枪体构造

　　M500手枪发射12.7毫米口径马格努姆大威力手枪弹，由于子弹太大，一般的左轮手枪弹膛能装六发弹，而M500只能装五发。虽然发射子弹的威力巨大，但M500的先进设计有助于减少持枪者的后坐感。这些设计包括超重的枪身（重量可抵御枪口上跳），橡胶底把，配重块以及特别设计的枪口制退器等。

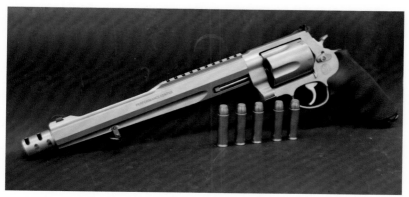

史密斯 - 韦森 M500 手枪及子弹

性能解析

　　M500手枪所发射的子弹的动能是其他手枪所无法相比的，达到了3517焦耳，已经达到了大威力步枪弹的动能，称为手枪实在太小觑它，"手炮"才能完全诠释它的威力。不过M500手枪并非用于军事用途，而是用于狩猎大型猎物，一枪打死一头非洲象也不在话下。

史密斯 - 韦森 M500 手枪右侧方特写

衍生型号

型号	特点
M500 ES	不锈钢枪身，紧急求生用左轮手枪
M500 OD Green Carry Combo	定制型，附有各式配件
M500 HIVIZ	不锈钢枪身，可换式枪口制退器

枪盒中的史密斯 - 韦森 M500 手枪

服役记录

M500手枪并非用于军事方面，和其他大口径枪械一样，M500适用于射击运动或户外狩猎。大威力弹药使这把手枪能够狩猎极大型的北美以及非洲野生动物。

史密斯 - 韦森 M500 手枪发射时产生的枪口焰

10 秒速识

M500手枪采用特殊的X形转轮座，握把与K形没有多大差异。

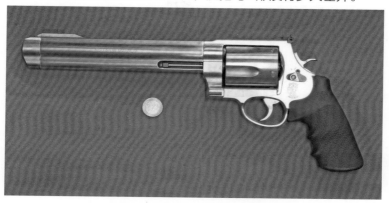

史密斯 - 韦森 M500 手枪与硬币对比

美国史密斯 - 韦森 M586 手枪

M586是一款由美国枪械公司史密斯-韦森研制及生产的6或7发式左轮手枪。

研发历史

史密斯-韦森M586手枪最早于1980年开始生产，并在20世纪90年代后期停止生产。M586手枪在执法机关和运动射击市场上都产生了重大影响。2012年，史密斯-韦森重新生产101.6毫米与152.4毫米枪管长度的M586手枪作为其经典型左轮手枪产品线的一部分。

基本参数	
口径	9 毫米
全长	235 毫米
枪管长	101.6 毫米
空枪重量	1159 克
有效射程	25 米
弹容量	6/7 发

黑色涂装的史密斯 - 韦森 M586 手枪

枪体构造

M586手枪具有烤蓝钢结构，能够装填及发射.38史密斯-韦森特种弹。M586使用瞄准风格的可调节式照门，并具有K形底把尺寸的握把以配合其直径更大的弹巢。由于M586手枪的定位为针对执法机关市场，因此大多数型号有着比M686手枪较为缩短的枪管。

史密斯 - 韦森 M586 手枪右侧方特写

衍生型号

型 号	特 点
586-1	半径螺柱改进包，一面为浮动式
586-2	更改击锤鼻和相关部件
586-M	M 高于标示的原厂型号
586-3	新型工字形是吊杆保持系统
586-4	钻头和丝锥底把，合成握把，更改照门和抽壳钩
586-5	改变底把设计以消除弹巢阻螺柱
586-7	2006 年限量版，只有 7 发的衍生型
586-8	只有 6 发的衍生型

史密斯 - 韦森 M586 手枪左侧方特写

10 秒速识

M586手枪使用史密斯-韦森的L形（中至大型）左轮手枪底把，有经过烤蓝和镀光亮镍表面处理两种类型。

史密斯 - 韦森 M586 手枪及子弹

美国史密斯 - 韦森 M625 手枪

M625是一款由美国枪械公司史密斯-韦森研制及生产的6发式左轮手枪。

研发历史

1988年，史密斯-韦森公司研制出M625左轮手枪，用于自卫或射击比赛。正常生产型号的M625于1989年推出。在1991年至1992年期间，也曾经生产过76.2毫米和101.6毫米枪管型号。根据来自史密斯-韦森的衍生型号名称编配手法，M625这个型号是在原来的M25左轮手枪的型号名称前面增加一个6字以表示这是原来的M25左轮手枪设计的不锈钢底把版本，这点与史密

基本参数	
口径	11.43 毫米
全长	267 毫米
枪管长	101 毫米
空枪重量	1190 克
枪口初速	240 米 / 秒
有效射程	50 米
弹容量	6 发

斯-韦森M627、史密斯-韦森M629相同。直到现在，M625手枪仍在生产，每把枪售价1049美元左右。

史密斯 - 韦森 M625 手枪及子弹

枪体构造

M625采用重型枪管和大重量枪身以吸收射击时的后坐力，提高射击精度。其小巧的握把可让手形较小的射手也很容易操作，握把具有多种选择，包括木制刻纹和黑色橡胶。照门、准星和握把可在无工具时或专业人员手下自行改进以最大限度地满足射手的不同习惯。

M625手枪的壳头间隙可使.45 ACP自动手枪子弹在不使用全月夹时装填进弹巢内，但由于无缘式子弹不能保证从弹巢内退壳成功，因此子弹需要夹在全月夹上以方便退壳。使用全月夹可更有效地控制子弹在每个膛室内的前后位置以便击锤可靠地击发子弹底火，另一方面还可在发射所有子弹以后很方便地一次性退出6发弹壳。

史密斯 - 韦森 M625 手枪前侧方特写

性能解析

M625左轮手枪自身质量较大，因此在射击时后坐力较为温和，有利于提高射击精度。该枪的握把整体上较为小巧，即便手形较小的射手，特别是女性射手，也很容易操控。

史密斯 - 韦森 M625 手枪右侧方特写

衍生型号

型号	特点
M625 山地枪型	M625 的轻量型版本
M625-10	M625 的塌鼻型版本
M625JM	杰里·乔勒设计，表面为磨砂磁珠喷砂不锈钢处理

M625JM 型号左轮手枪

10 秒速识

M625手枪采用N形底把，全枪枪身及金属部件采用表面抛光的不锈钢材料制成，采用重型枪管。

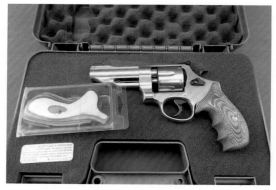

枪盒中的史密斯 - 韦森 M625 手枪

美国史密斯-韦森 M640 手枪

　　M640是一款由美国枪械公司史密斯-韦森研制及生产的5发式左轮手枪。

研发历史

　　20世纪90年代，史密斯-韦森公司研制出M640左轮手枪，作为美国警察局的备用武器，该枪平均售价729美元。

基本参数	
口径	9 毫米
全长	166.62 毫米
枪管长	54 毫米
空枪重量	640 克
有效射程	22.86 米
弹容量	5 发

史密斯-韦森 M640 手枪左侧方特写

▌▌▌▶ ★ 枪体构造

　　M640手枪是一把双动操作式短管左轮手枪，与其他史密斯-韦森J形底把左轮手枪一样，它具有可摆出式弹巢，只是这种型号具有隐藏型击锤。该枪能发射.357马格努姆或火力相对较弱的.38特种弹这两种子弹。

史密斯 - 韦森 M640 手枪上方视角

▌▌▌▶ ★ 性能解析

　　尽管M640手枪的底把很小，枪管也较短，但该枪却坚固而经久耐用，准确度也相当高。枪械作家乔·戈尔曼借该左轮手枪发射了500发全威力弹药，而该枪仍然可以使用。

史密斯 - 韦森 M640 手枪右侧方特写

衍生型号

型 号	特 点
M642	铝材制成
M940	外观上与前者相似，但发射 9X19 毫米鲁格弹
M340	发射 .357 马格努姆钪合金底把版本

史密斯 - 韦森 M640 手枪前侧方特写

10 秒速识

M640手枪采用J形底把，该枪全由不锈钢制成。

史密斯 - 韦森 M640 手枪及使用的子弹

美国史密斯-韦森3号手枪

　　3号手枪是一款由美国枪械公司史密斯-韦森研制及生产的中折式装填左轮手枪。

▌▌▌▷★ 研发历史

　　3号手枪是史密斯-韦森公司于1870至1915年期间生产的一种6发式左轮手枪，为了满足俄罗斯的特别订单，史密斯-韦森生产了大量的3号左轮手枪，而这些手枪都有着三种不同的版本。第一个版本为按照原订单生产的型号，第二个版本为经过俄罗斯军械督察改进后的型号，而最后一个版本为采用俄罗斯设计的最后修订版本。后来俄罗斯政府请来了大量工程师和枪匠以

基本参数	
口径	11.17 毫米
全长	305 毫米
枪管长	165 毫米
空枪重量	1300 克
枪口初速	244 米 / 秒
有效射程	50
弹容量	6 发

逆向工程的方式大量仿制出史密斯-韦森3号手枪，并由本土的图拉兵工厂负责生产。然而基于当时俄罗斯境内工业不发达的缘故，所以当局更委托了德国以及欧洲多国的生产商来生产这些左轮手枪。这些做法使史密斯-韦森几乎破产。

拆除转轮的 3 号手枪

枪体构造

3号左轮手枪采用单动式扳机，拆开式装填（整个枪管和转轮组件可以向前拆开，用转轮中心的退壳顶杆顶出空弹壳或未发弹）设计。

史密斯 - 韦森 3 号手枪左侧方特写

性能解析

3号左轮手枪是美国历史上第一种使用金属壳弹药的制式手枪，可以算得上史密斯-韦森公司早期的代表作，同时也是早期左轮手枪世界的佼佼者。19世纪中期，由于当时弹药的装填物多数是黑火药，导致大部分手枪具有很多缺点，例如：装填速度慢、结构复杂，以及容易受到潮湿天气的影响等。3号转轮手枪也一样。不过，抛开这一点，单从设计上说，它在当时还是非常优秀的一款军用手枪。

史密斯 - 韦森 3 号手枪及子弹

▌▌▌▌▶ ★ 服役记录

美国陆军于1870年装备了3号左轮手枪，使其成为美国历史上第一种发射金属壳定装弹药的制式手枪。由于在当时算得上性能优越的手枪，所以其也曾被包括比利时、德国和西班牙在内的国家仿制过。1877年，史密斯-韦森公司结束了对3号左轮手枪的生产，并推出了一种被称为新型3号的改良型。1880年，南澳洲警察局在墨尔本举行的澳洲博览会上注意到新型3号左轮手枪，并产生了浓厚的兴趣。他们通过史密斯-韦森公司在纽约的代理商下了订单，订购250 支.44 俄罗斯口径的新型3号左轮手枪。同时也订购了延伸式枪托、弹药和重装组件。

▌▌▌▌▶ ★ 10 秒速识

3号手枪的标准口径为11.17毫米，枪上并未刻有任何有关手枪口径的资料。

史密斯 - 韦森 3 号手枪及枪套

史密斯 - 韦森 3 号手枪上方视角

美国鲁格"阿拉斯加人"手枪

　　"阿拉斯加人"手枪是美国鲁格公司研制的一款左轮手枪，其设计理念是"世界上口径最大的短枪管左轮手枪"。

研发历史

　　"阿拉斯加人"左轮手枪枪管长度只有63毫米，如果从枪口正面观察该枪，可隐隐约约看到的大口径枪弹弹头，给人一种不寒而栗的感觉。史密斯-韦森公司曾推出世界上威力最大的左轮手枪M500左轮手枪。该枪采用长达2120毫米的枪管，由于后坐力过大，很多美国人都敬而远之。"阿拉斯加人"左轮手枪也想坐上"世界第一大威力手枪"

基本参数	
口径	11.17 毫米
全长	190 毫米
枪管长	63 毫米
空枪重量	1200 克
有效射程	50 米
枪口初速	427 米/秒
弹容量	6 发

的宝座，但是想要驾驭它并不是那么简单，理由和M500左轮手枪一样，后坐力太大。

"阿拉斯加人"手枪左侧方特写

枪体构造

　　"阿拉斯加人"手枪是鲁格公司以1999年推出的"超级红鹰"系列左轮手枪为基础改进的大口径短枪管左轮手枪。转轮座用410不锈钢制成，转轮由410不锈钢棒经切削加工成型，内部枪管周围加工有螺纹，以旋进的方式组合到转轮座内。该枪的制造加工方法与"超级红鹰"手枪完全相同。采用短枪管的大口径"阿拉斯加人"手枪，橡胶握把的缓冲能力几乎接近最高点。橡胶握把也采用了握把两侧固定轴获得缓冲效果的方式，但特意加工了转轮座握把部分在橡胶制握把内可移动的间隙。握把后方镶嵌柔软的橡胶制缓冲垫，进一步增强了缓冲效果。

　　从侧面看，"阿拉斯加人"手枪的准星相当高，这是为缓解强劲的后坐力而采取的措施。弹头开始在枪管内移动的一瞬间，开始产生后坐力，弹头越重，后坐力也越大。当弹头飞出枪口部时，枪口已开始朝上。"阿拉斯加人"的高准星已经将枪口的上跳距离计算在内，瞄准点处于实际弹着点的上方。"阿拉斯加人"手枪的枪管内加工有6条膛线，缠距为60.9厘米。

"阿拉斯加人"手枪前侧方特写

性能解析

　　生活在美国北部山岳地带的阿拉斯加人是"阿拉斯加人"手枪的忠实拥护者，因为在这个远离城市的地区，外出行走可能会遇到野兽，而一把大威力手枪可以保护自己。此外，在这里盛行各种实弹射击比赛，适当的大威力手枪似乎成了人们的最佳选择。

"阿拉斯加人"手枪特写

服役记录

在美国，打猎、钓鱼等野外活动爱好者的总人数超过1000万，对众多枪械企业而言，无疑是个很大的市场。"阿拉斯加人"手枪的特殊性对该枪的销售起到了很大的促进作用。

"阿拉斯加人"手枪及子弹

10秒速识

"阿拉斯加人"手枪枪管粗短，通过转轮两侧前方隐隐约约能看到大口径枪弹弹头。

"阿拉斯加人"手枪后侧方特写

俄罗斯纳甘 M1895 手枪

纳甘M1895是由比利时工业家莱昂·纳甘为俄罗斯所研发的7发双动式左轮手枪。

研发历史

莱昂·纳甘与他的兄弟埃米尔在俄罗斯是众所周知的，这是因为他们曾参与设计俄军的制式步枪莫辛-纳甘，并扮演着相当重要的角色。纳甘M1895最初在比利时投入生产，但生产后来改在俄罗斯进行。纳甘M1895手枪独特的外形和名字为它奠定了在俄罗斯被崇拜的地位。

基本参数	
口径	7.62 毫米
全长	235 毫米
枪管长	114 毫米
空枪重量	800 克
有效射程	23 米
枪口初速	272 米 / 秒
弹容量	7 发

纳甘 M1895 手枪及子弹

▓▓▓▶ ★ 枪体构造

与大部分左轮手枪的运作原理不同，纳甘M1895手枪采用了特殊的气体密封式设计。在手枪的击锤被拉低后其弹巢会向前移动，同时亦封闭了弹巢与枪管之间的空隙，增加了子弹的初速，并容许武器被消音。

纳甘 M1895 手枪前侧方特写

▓▓▓▶ ★ 性能解析

纳甘M1895手枪的气体密封式设计说明了它与其他左轮手枪不同，能够有效地加装抑制器以作消声射击，这些消声的纳甘左轮M1895手枪被称为"布拉米兹装置"。纳甘M1895手枪在重新装填时用户需手动把弹壳逐一退出，并将新的子弹通过装填口逐一载入弹巢的各个膛室。若然要跟使用中折式设计或外摆式弹巢的左轮手枪作比较的话，纳甘M1895手枪这种过时的装

纳甘 M1895 手枪上方视角

填方式明显会显得比较费力和费时。

⚡ 服役记录

　　纳甘M1895手枪获多国军警采用，采用此枪的国家包括：瑞典、挪威、波兰和希腊等。纳甘M1895手枪曾被俄罗斯陆军广泛使用，在十月革命后也被而后成立的苏联所采用。在俄罗斯服役期间，此枪普遍被认为是坚固和可靠的。二战期间，加装了抑制器的纳甘M1895手枪被苏联的侦察部队、特种部队和内务人民委员会所采用。

纳甘 M1895 手枪及子弹

⚡ 10 秒速识

　　纳甘M1895手枪枪管后部具有一个短小的圆锥形装置，采用的7.62×38毫米的弹头位于弹壳里面，而弹壳顶部缺口的直径亦略有减少。

纳甘 M1895 手枪前侧方特写

法国 MR-73 手枪

MR-73手枪是由法国马努林（Manurhin）公司生产的一款双动式左轮手枪。

研发历史

20世纪70年代，由于在法国境内缺少一款性能优越的射击比赛用手枪，所以马努林公司针对这个状况开始设计手枪。经过一段时间的钻研，马努林公司最终于1973年推出了MR-73左轮手枪。每支MR-73在出厂前都必须经过超过12小时的手工装配，而在价格方面比起美国制造的品牌高出50%。

基本参数	
口径	9 毫米
全长	195 毫米
枪管长	76 毫米
空枪重量	880 克
弹容量	6 发

MR-73 左轮手枪右侧方特写

▌▌▌▶★ 枪体构造

MR-73左轮手枪采用双动式扳机的设计方式，并能够以单动式或双动式进行射击。它具有多种不同尺寸的版本可供用户选择，也可发射多种弹药，包括.22 LR、.32 S&W Long、9毫米鲁格弹、.38 特种弹和.357 麦林，用户可通过更换弹巢来改变口径。

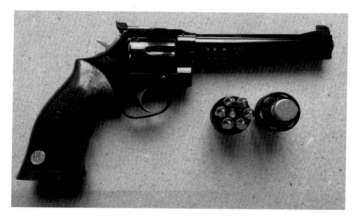

MR-73 左轮手枪左侧方特写

▌▌▌▶★ 性能解析

MR-73左轮手枪结构简单可靠，射击过程平滑顺畅，并且拥有比赛级精度，这些特点使MR-73在左轮手枪中堪称经典。

装备法国警察部门的 MR-73 左轮手枪

服役记录

"法国总统安全组"的一些成员对MR-73手枪情有独钟。不过为了对付狙击手，他们对MR-73手枪进行了改装，为其配备了现代化的瞄准镜，使其成为反恐作战的利器。

MR-73 左轮手枪及子弹

10 秒速识

MR-73左轮手枪采用滚珠式扳机系统，这是它的特色之一。

MR-73 左轮手枪后方特写

法国 MAS 1873 手枪

　　MAS 1873由法国圣埃蒂安武器制造厂生产，是法国军队采用的第一种双动式左轮手枪。

研发历史

　　19世纪70年代，欧洲一些军事大国都明白必须换装最新的装备。他们提倡以卓越的培训、大量的轻兵器和炮兵以打破过往的军事传统。为此，包括法国在内的欧洲国家都开始积极改进军事技术。另外，当时在法国，刀剑依然是军官的权威象征，他们不愿意佩带笨重的手枪，但为了安全，法国军方需要为其军官配发轻量型的手枪。MAS 1873左轮手枪就是在这样一个背景下诞生的。

基本参数	
口径	11 毫米
全长	240 毫米
枪管长	115 毫米
空枪重量	1040 克
有效射程	50 米
弹容量	6 发

MAS 1873 手枪上方视角

枪体构造

MAS 1873左轮手枪的弹巢具有一个侧面进弹口，装填时需把它向后方拉出。其瞄具视点为一个球体和V字形缺口，并非常容易对齐。由于是双动式扳机的缘故，所以该手枪在直接扣动扳机进行射击时较难命中目标，但这也令其不易被意外击发。它的保养和分解也十分容易，这是基于其退壳杆同时为一把螺丝刀和多用途工具。

MAS 1873 手枪分解图

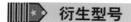

衍生型号

型 号	特 点
MAS 1874	军官专用版本

MAS 1874（上）与 MAS 1873（下）

服役记录

　　MAS 1873手枪在19世纪后期被法国和其殖民地的军警所采用。而在一战期间各欧洲国家的军队了解到手枪在战壕里的重要性后，此枪亦被广泛地使用。

MAS 1873 手枪右侧方特写

10 秒速识

MAS 1873手枪为白色枪身，而MAS 1874型为蓝色枪身，并且其弹巢上具有凸槽。两者都具有实心的枪体。

MAS 1873 手枪前侧方特写

法国 MAS 1892 手枪

MAS 1892是由法国圣埃蒂安武器制造厂生产的一款左轮手枪。

▶ 研发历史

　　MAS 1873左轮手枪推出后，法国军队的士兵和官员对其态度各有不同，有的认为它可靠性好、火力较强，比较适合做自卫防卫武器；有的觉得它太过于笨重，不便于携带，而且外形比较丑，无法体现高阶军官的身份。针对这一现象，法国圣埃蒂安武器制造厂于19世纪90年代初期开始研制新一代手枪，以取代MAS 1873左轮手枪。1892年，圣埃蒂安武器制造厂正式推出MAS 1892左轮手枪。

基本参数	
口径	8 毫米
全长	240 毫米
空枪重量	850 克
有效射程	50 米
枪口初速	220 米 / 秒
弹容量	6 发

转出弹巢的 MAS 1892 手枪

枪体构造

MAS 1892 左轮手枪使用的弹药为 8 毫米口径的黑火药弹，在一战期间装备的手枪改用同口径的无烟火药弹。该手枪与其他左轮手枪不同的是，它的弹巢向右方摆出，摆出后可查看各个膛室的剩弹量，也可把弹壳倒出。重新装填后，射手需把弹巢收回原位，并以位于枪体右边的锁闩把它锁定。除此之外，位于枪体左边的侧板可被翻开，以方便用户清洁和保养内部零件。

MAS 1892 手枪分解图

性能解析

MAS 1892手枪是一种坚固、精确度高和品质不错的左轮手枪。射手能够拉下击锤然后再扣动扳机以做单动式射击，也可直接扣动扳机作双动式射击。而它唯一比较明显的缺点就是作为一支军用手枪火力较弱，口径只有8×27毫米。论制止力，它也只是勉强地达到.32 ACP弹的水平。

MAS 1892 手枪左侧方特写

服役记录

尽管MAS 1892手枪最初是为了提供给军官做防身武器而设计，它在1892年到1924年期间共生产了超过35万支，并列装法国陆军、海军和国家宪兵以及其他部门。此枪于1935年被Mle 1935半自动手枪取代，但在二战期间仍然非常普遍，更被带到美国作为纪念品。

MAS 1892 手枪后侧方特写

10 秒速识

MAS 1892手枪的枪管右边刻有其生产年份（例如：S 1892代表了此枪于1892年生产），而枪管顶部则刻有Mle 1892的字眼。

MAS 1892 手枪右侧方特写

瑞士 SMG 手枪

SMG左轮手枪（SMG是Swiss mini gun的缩写，意为：瑞士迷你枪）是瑞士"枪匠"（Gunsmith）公司设计生产的一款迷你手枪。

基本参数	
口径	2.34 毫米
全长	55 毫米
空枪重量	68 克
有效射程	30 米
枪口初速	180 米 / 秒
弹容量	6 发

◤◢◤◢◤◢ 研发历史

SMG迷你枪是"枪匠"公司制造的第一种枪械产品，它算得上是世界上最小的枪支。SMG迷你枪被众多人视为收藏珍品，但其具有杀伤性，所以这款"工艺品"枪支，要经过瑞士火器局核准的人士才能购买。

SMG 手枪与硬币对比

◤◢◤◢◤◢ 枪体构造

SMG手枪枪柄有多种款式，其中包括乌木枪柄、手工雕刻枪柄、镶有钻石或者其他宝石的黄金枪柄。不锈钢乌木枪柄型的售价约为3000欧元，而黄金版则要至少3万欧元。据说有客户订购了一支镶嵌了15颗钻石的SMG

迷你枪，售价12万美元。SMG手枪发射特别研制的2.34毫米口径缘发式子弹，该子弹堪称"世界上个头最小的缘发式子弹"。

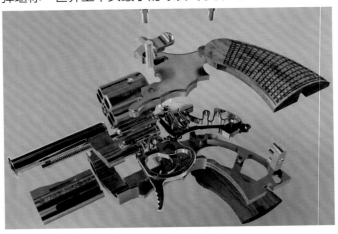

拆解后的 SMG 手枪

性能解析

虽说SMG迷你枪个头小，但威力并不容忽视，子弹的枪口初速度达到了180米/秒，若是被SMG手枪击中要害的话，性命很难保全。

SMG 手枪与手掌对比

服役记录

自SMG手 枪2005年上市以来，销量已经达到500支，主要都是被中东和远东的收藏家购得。

10 秒速识

一套SMG专用套装里配有SMG手枪、皮套、擦枪布、两盒子弹、枪专用油一瓶。该手枪瞄准具为柱状准星，U形缺口照门。

可随身佩带的 SMG 手枪

正在发射的 SMG 手枪

意大利齐亚帕"犀牛"式手枪

　　"犀牛"式手枪是由意大利齐亚帕（Chiappa）公司设计生产的一款左轮手枪。

研发历史

　　齐亚帕公司是意大利一个武器制造商，其最初是仿制一些在枪械界有名的武器，例如温彻斯特连发步枪（由美国温彻斯特连发武器公司于19世纪80年代研发生产的一款武器）等，经过多年资金和人才的累积，它逐步发展成了一个在现代枪械界有一席之地的武器公司。之后，齐亚帕公司开始自主设计枪械，但一直没有找到适合自己的武器类型。

基本参数	
口径	9 毫米
全长	164 毫米
枪管长	50.8 毫米
空枪重量	700 克
有效射程	50 米
弹容量	6 发

进入21世纪后，齐亚帕公司决定在左轮手枪市场上开辟新天地，经过长时间的研发与试验，终于在2009年推出了"犀牛"式左轮手枪。齐亚帕公司也因该手枪而声名大噪。

"犀牛"式手枪后方特写

枪体构造

"犀牛"式左轮手枪的枪管轴线位于转轮轴线之下，比大多数其他左轮手枪都要低，因为它从弹巢最下方的膛室射击，而非从弹巢最上方的膛室射击。这种设计的优点是使枪管轴线最大限度地与射手持枪手的虎口高度相同。在射击时，通过引导后坐力，使后坐力几乎正直地作用于射手手腕上的虎口部位，而非向上；加上犀牛本身的质量，就可以大幅降低射击时产生的枪口上跳现象。

"犀牛"式左轮手枪具有三处独特的保险。首先是击针保险，当转轮弹膛没有真正到位时，击针会被阻挡而无法前移，以免因意外导致的击锤回转打击击针产生的膛炸危险。击针只可在转轮膛室到位以后才可无阻碍地前移。其次是扳机保险，当转轮弹膛没有完全到位时，扳机会被相应的螺钉抵住而无法扣动，从而无法解脱击锤以确保安全。扳机只有转轮膛室到位以后才能被扣动。最后是单动保险，当犀牛处于单动状态时，击锤与击针之间被保险块隔开，使击锤在意外回转时无法打击击针，从而保证了安全性。而阻隔击针、击锤保险块只有在扣动扳机时才会让开，使击锤能够顺利打击击针，从而击发枪弹。齐亚帕将其称为"世界上最保险的左轮手枪"。

"犀牛"式手枪后侧方特写

性能解析

在外观轮廓上，"犀牛"式左轮手枪比一般左轮手枪更为棱角分明，具有一种超前的现代感。六边形转轮弹巢是为了降低武器在隐蔽携带用途方面的轮廓，并减轻了转轮本身的质量，同时也相应也减少了其扳机扣力。

"犀牛"式手枪右侧方特写

服役记录

"犀牛"式左轮手枪虽然定位于警用及民用武器市场，但由于其设计方式独具匠心，有着让人耳目一新的外形和优秀的性能，同时也受到了全世界枪械爱好者的热烈欢迎。

"犀牛"式手枪及子弹

　　"犀牛"式左轮手枪其底把由7075铝合金制成，而枪管、弹巢和其他重要部分则由钢所制造。除此之外，"犀牛"式还有一个显著的特点，其六发弹巢的横截面为六边形，而非圆柱形。

"犀牛"式手枪前侧方特写

巴西 M608 手枪

M608手枪是由巴西陶鲁斯公司设计生产的一款左轮手枪。

研发历史

20世纪80年代末，半自动自动手枪在北美大行其道，左轮手枪渐渐被人们遗忘。1993年，美国枪械管理法律规定手枪弹容量不能超过10发，这使半自动手枪的优势被削弱。于是很多公司趁势推出了加大弹容量的左轮手枪，如SW公司的M686。

1996年，达拉斯的SHOT展（美国著名的军事武器装备展览会）上，陶鲁斯公司首次展出了其全新设计的M608左轮手枪，它可填装8发子弹。

基本参数	
口径	11.43 毫米
全长	419 毫米
枪管长	254 毫米
空枪重量	1270 克
有效射程	50 米
枪口初速	440 米 / 秒
弹容量	8 发

M608 手枪后侧方特写

枪体构造

M608之所以被称为"全新"，是因为它采用了陶鲁斯公司最新开发的扳机装置，其扳机运动的平稳程度可与那些在作坊中精心加工的定做枪相媲美。与其他新推出的陶鲁斯左轮手枪一样，M608也采用Santoprene握把（一种黑橡胶握把），握把外形经过精心设计，握持非常舒适。除此之外，每支M608都有补偿系统，即在枪管顶部肋条上钻有8个孔。这个补偿系统可有效地抑制枪口上跳，使可感后坐力有所减小，且精度没有多大损失。

M608 手枪长枪管型号

10 秒速识

　　M608手枪采用了两种枪管，每种枪管的型号又分为烤蓝处理和不锈钢两种。

M608 手枪左侧方特写

Chapter 5

冲锋枪

冲锋枪是指单兵双手握持发射手枪弹的轻型全自动枪械，它是介于手枪和机枪之间的武器，比步枪短小轻便，便于突然开火，射速高，火力猛，适用于近战或冲锋，因而得名"冲锋枪"。

美国"汤普森"冲锋枪

　　"汤普森"冲锋枪（Thompson submachine gun）是美军在二战中最著名的冲锋枪之一。

研发历史

　　1916年，约翰·汤普森和汤姆斯·F.莱恩合伙创办了一家自动军械公司，汤普森冲锋枪是该公司成立后研发的最著名的武器之一。该枪刚面世时性能并不完善，随后汤普森对其进行了一系列改良，最终于1918年推出了最终版"汤普森"冲锋枪。"汤普森"冲锋枪由汤普森在20世纪初期设计，并由美国自动军械公司生产。除了在战争中使用外，"汤普森"冲锋枪也是当时美国警察与罪犯经常使用的武器。

基本参数	
口径	11.43 毫米
全长	852 毫米
枪管长	270 毫米
空枪重量	4.9 千克
有效射程	150 ～ 250 米
射速	600 ～ 1200 发 / 分
弹容量	20/30/50/100 发

枪体构造

　　"汤普森"冲锋枪使用开放式枪机，即枪机和相关工作部件都被卡在后方。当扳机扣动后枪机被放开前进，将子弹由弹匣推上膛并且将子弹发射出去，再将枪机后推，弹出空弹壳，循环操作准备射击下一颗子弹。该枪快慢机和保险扳手分开设置，前者调节单、连发，后者控制保险状态。这种方式虽然便于区分，但操作起来稍嫌麻烦。"汤普森"冲锋枪采用鼓式弹夹，虽然这种弹夹能够提供持续射击的能力，但它太过于笨重，不便于携带。

"汤普森"冲锋枪上方视角

"汤普森"冲锋枪分解图

性能解析

"汤普森"冲锋枪的早期版本已经达到1200发/分的射速，而M1921警用型有850发/分，M1928军事型则有720发/分。其衍生型M1及M1A1的平均射速为600发/分。这使"汤普森"冲锋枪有一个相当沉重的扳机和极快下降的弹药量，也使枪管于自动射击时很容易上扬。相较于现代的9毫米冲锋枪，"汤普森"冲锋枪可算是相当沉重，这也是它的主要缺点之一。

"汤普森"冲锋枪右侧方特写

衍生型号

型 号	特 点
M1919	美国军方武器准将约翰·汤普森在俄亥俄州佩里营（Camp Perry）测试的版本
M1921	"汤普森"冲锋枪首次大量生产的版本
M1923	自动军械公司为美国陆军专门生产的版本
BSA "汤普森"	授权伯明翰轻兵器公司（BSA）生产的欧洲版本
M1927	M1921 的半自动版本
M1928	美军首种大量装备的版本

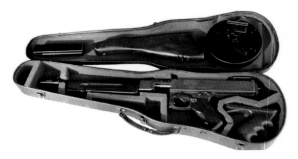

枪盒中的"汤普森"冲锋枪

服役记录

　　珍珠港事件后，美国加入了战争。1944年，诺曼底登陆将"汤普森"冲锋枪带进了欧洲战场，自此，"汤普森"冲锋枪和PPSh-41冲锋枪开始在二战欧洲战场上并肩作战。

"汤普森"冲锋枪及弹匣

10 秒速识

　　"汤普森"冲锋枪采用整块钢材加工而成，弹匣体由钢板冲压焊接而成，后部有一个T形突起，与冲锋枪下机匣上的T形槽配合将弹匣固定在枪上，外露式弹匣卡笋位于左侧。

带弹鼓的"汤普森"冲锋枪

美国 Vector 冲锋枪

Vector冲锋枪是由美国克瑞斯公司于2009年开始生产的一款冲锋枪。

研发历史

Vector系列的原型虽然是由瑞士人所设计的，但其专利枪机技术最初是由法国工程师雷诺·凯尔布拉（Renaud Kerbrat）所设计的。2006年，Vector冲锋枪由美国KRISS公司重新研制及生产。美国KRISS公司的前身为转型武器研究国防工业（TDI）。

基本参数	
口径	9 毫米
全长	406 毫米
枪管长	139.7 毫米
空枪重量	2.72 千克
有效射程	45 米
枪口初速	400 米 / 秒
射速	1200 发 / 分
弹容量	17/19/33 发

枪托折叠的 Vector 冲锋枪

枪体构造

Vector冲锋枪采用一种铰接式机械结构的延迟后坐式枪机，在枪机后方有一块用以转移后坐力和延迟枪机后坐的平衡配重块。Vector冲锋枪使用标准格洛克手枪的可拆卸式弹匣供弹，通常是13发格洛克21可拆卸式弹匣，并以其为蓝本开发了28发、30发可拆卸式专用弹匣。

当子弹被击发时，弹壳在高压火药燃气的反冲作用下向后推动枪机主体，枪机开锁以后首先要克服平衡配重块上的一个延迟开锁的斜面，然后开始水平向后运动，并通过平衡配重块的一个斜面，迫使平衡配重块在复进簧导杆的引导下再向下运动，使复进簧向弹匣插槽后方可以容纳枪机的导槽内压入；此时，由于枪机的锁耳卡在平衡配重块的导槽内，因此当枪机水平运动一段距离以后，又在平衡配重块的带动下离开中轴线并向下偏转。在复进簧完全压缩以后，复进就会开始。复进簧开始把平衡配重块反弹向上运动，在同一个斜面的作用下，使枪机向上向前复进，在回到中轴线后推动弹匣内下一颗子弹上膛并继续向前，直至枪机端面与枪管膛室尾端连成一线后闭合形成闭锁。

装上消声器的 Vector 冲锋枪

性能解析

Vector冲锋枪利用Super V机构的枪机系统，能够大大消除使用者的手、枪膛轴心和抵着枪托的肩之间的距离之间所感觉到的后坐力和枪口上扬（尤其是在全自动射击的时候），并且减轻使用者的疲乏程度。

装有弹鼓的 Vector 冲锋枪

衍生型号

型 号	特 点
Vector 冲锋枪型	可以选择发射模式的型号
Vector 卡宾枪特种作战型	美国 KRISS 为美国民用武器市场生产的三种 Vector 系列半自动型版本之一
Vector 短枪管特种作战型	Vector 系列的半自动型
Vector 特别任务手枪型	特别任务手枪
Vector K10	Vector 冲锋枪的更新型第二代版本

Vector 卡宾枪特种作战型

服役记录

　　Vector冲锋枪被多个国家装备使用，除了美国外，孟加拉的警察厅特警队、哥伦比亚分组城市反恐怖特种部队、印尼陆军特种部队司令部等都装备有Vector冲锋枪。

Vector 冲锋枪及弹匣

10 秒速识

　　Vector冲锋枪枪管由枪托与膛室连成一条直线，并且同时与手枪握把一起连成一条直线。

Vector 冲锋枪前侧方特写

美国 M3 冲锋枪

M3冲锋枪是美国通用汽车公司于二战时期大量生产的一款廉价冲锋枪。

研发历史

1941年美军兵器委员会了解到西欧战场冲锋枪效能突出，尤其是德国发射9毫米鲁格弹的MP40冲锋枪与英国的斯登冲锋枪，于是在1942年10月开始研究发展相当于美国版的斯登冲锋枪。

通用汽车公司内陆分部的乔治·海德负责新型冲锋枪的设计，内陆分部的总工程师佛莱德瑞克·参普生负责准备生产的模具。11月间样品枪已制造完成提交陆军试枪，在测试中得到95分的高分。发射5000发子弹只

基本参数	
口径	9/11.43 毫米
全长	760 毫米
枪管长	203.2 毫米
空枪重量	3.7 千克
有效射程	91 米
枪口初速	280 米 / 秒
射速	450 发 / 分
弹容量	30 发

有两次故障。最早的样品枪被称作T15，除去保险的样品枪被称作T20。在通用汽车公司引导灯分部于1942年12月正式生产之前，设计又有几项小的改善。二战期间，共生产了将近60万支M3冲锋枪。

M3 冲锋枪前侧方特写

枪体构造

M3是全自动、气冷、开放式枪机、由反冲作用操作的冲锋枪。枪机平时被机簧卡在后方开放的位置，扣扳机时以复进弹簧的力量将子弹上膛，枪机的前方有一个退壳爪，抓住弹壳，上膛同时击发，击发后以点燃发射药产生的高压气体后推退壳，经退子钩弹出弹壳，此时若扣扳机的手指尚未松开则继续击发，一直到子弹打完为止。若是扣扳机的手指已松开则枪机再度卡在后方开放的位置。若子弹打完扣扳机的手指尚未松开，枪机则会向前顶住枪膛。此时上弹匣后须将右侧拉柄向后拉，带动枪机后退压缩复进弹簧被机簧卡住，回复准备击发的位置。

由于.45口径的自动手枪子弹产生的压力不大，加上枪机很重，M3冲锋枪不需要复杂的膛室闭锁机制或是延迟机制。

M3 冲锋枪左侧方特写

▶ 性能解析

　　M3冲锋枪可在只更换少数零件后使用.45口径的自动手枪子弹（.45 ACP）或是9毫米鲁格弹，容易使用，性能优良且价格便宜。

M3 冲锋枪及其他配件

▶ 衍生型号

型 号	特 点
M3A1	去掉曲柄，改为用手直拉枪机后挂
M3A1 装消音器型号	发射 11.43 毫米柯尔特自动手枪弹

M3 冲锋枪及弹匣

服役记录

1943年秋季，美军开始装备M3冲锋枪。刚开始，美军士兵对M3的外观极不习惯。但是被士兵们耻笑为"注油枪"的M3冲锋枪一投入实战后，因射击时易于控制，很快就得到了美军士兵们的信赖。在二战中美军共生产了605664支M3冲锋枪，而这些枪全部是由通用汽车公司生产的。

M3 冲锋枪及其他武器

10 秒速识

M3由金属片冲压、点焊与焊接制造，机匣由两片冲压后的半圆筒状金属片焊接成一圆筒。前端是一个有凸边的盖环固定枪管。枪管有四条右旋的来福线，量产之后又设计了防火帽可加在枪管上。附于枪身后方的是可伸缩的金属杆枪托。

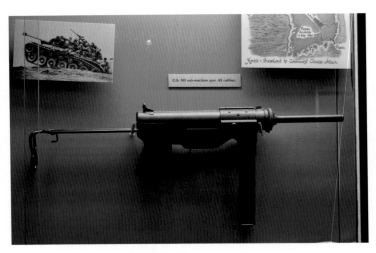

博物馆中的 M3 冲锋枪

俄罗斯 PPSh-41 冲锋枪

  PPSh-41冲锋枪（又称"波波莎"冲锋枪）是二战期间苏联生产数量最多的武器。

 研发历史

  二战爆发后，德国猛烈的攻击迫使苏联将兵工厂转移到交通不便、条

268

件艰苦的偏远地区。新建的兵工厂面临机械设备陈旧，人员劳动力不足等诸多问题。苏军之前装备的PPD-40冲锋枪，其组成结构复杂，制造工艺烦琐，而且成本较高。而此时，苏军面临"非常时期"，无法大量生产PPD-40冲锋枪。在此背景下，格奥尔基·谢苗诺维奇·什帕金采用了"非常方法"，他以PPD-40冲锋枪为基础，将其结构简化再简化，最终在1940年设计出了一种新型冲锋枪，命名为PPSh-41冲锋枪。

基本参数	
口径	7.62 毫米
全长	843 毫米
枪管长	269 毫米
空枪重量	3.63 千克
有效射程	150 ～ 250 米
枪口初速	488 米 / 秒
射速	700 ～ 1000 发 / 分
弹容量	35/71 发

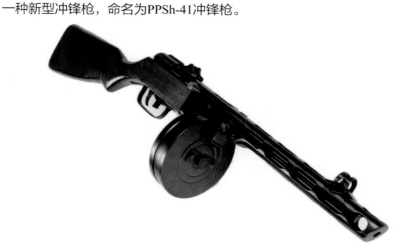

PPSh-41 冲锋枪前侧方特写

枪体构造

　　PPSh-41冲锋枪采用自由式枪机原理，开膛待机，带有可进行连发、单发转化的快慢机，发射7.62×25毫米托卡列夫手枪弹（苏联标准手枪和冲锋枪使用的弹药）。PPSh-41冲锋枪的设计以适合大规模生产与结实耐用为首要目标，对成本则未提出过高要求，因此PPSh-41冲锋枪上出现了木制枪托枪身。沉重的木质枪托和枪身使PPSh-41冲锋枪的重心后移，从而可保证枪身的平衡性，而且可以像步枪一样用于格斗，同时还特别适合在高寒环境下握持。PPSh-41冲锋枪具有一个铰链式机匣以便不完全分解和清洁武器。

PPSh-41 冲锋枪分解图

性能解析

PPSh-41冲锋枪能够以1000发/分的射速射击，与当时其他大多数军用冲锋枪相比射速非常高。该枪可以承受腐蚀性弹药、可在各种恶劣环境下使用，并可延长其清洁间隔时间。由于较短的自动机行程，加上较好的精度，三发短点射基本能命中同一点。该枪缺点包括弹药难以重新装填（装填71 发时弹鼓容易卡壳），坠地时容易意外击发（尤其是掉落在坚硬的地面上，这是所有自由式枪机冲锋枪的通病）。尽管有这些缺点，PPSh-41因其低后坐力，高可靠性和近距离的杀伤力受到苏联士兵喜爱。

装有弹鼓的 PPSh-41 冲锋枪

服役记录

二战期间，由于红军部队大量需求，苏军统帅部决定启用更多的非军工厂加入PPSh-41冲锋枪生产厂的行列，PPSh-41冲锋枪堪称适应大规模生产的设计典范。在二战结束以前，PPSh-41冲锋枪共生产了600多万支。1947年后，PPSh-41冲锋枪被广泛传播到苏联的许多东方阵营国家，现在世界各地都有其身影。

10 秒速识

PPSh-41冲锋枪没有前握把或前护木，枪管和膛室内侧均进行了镀铬防锈处理。早期型采用弧形座带缺口照门的表尺。最后生产型PPSh-41冲锋枪具有顶部抛壳口和可以调整为100米和200米范围内的L形翻转式带缺口式照门的表尺，前瞄准具则一直是带护翼的柱形准星。枪托为固定木制枪托，大多由白桦木制造。

不同视角的 PPSh-41 冲锋枪

 俄罗斯 PPS 冲锋枪

PPS 冲锋枪是苏联在二战期间生产的一款冲锋枪。

研发历史

PPS冲锋枪诞生于斯大林格勒战役，1942年斯大林格勒被德军包围，苏联守军正需要一种可立即使用的冲锋枪，当时在斯大林格勒兵工厂里有一名叫苏达耶夫的工程师临时设计出PPS冲锋枪，设计的重点是尽可能采用工厂可以找到的材料和设备生产。当PPS冲锋枪生产出来后就立刻被苏军拿去和德军火并，在德苏战争当中，德军也使用过缴获的PPS冲锋枪并改名为MP719。

基本参数	
口径	7.62 毫米
全长	831 毫米
枪管长	240 毫米
空枪重量	3.86 千克
有效射程	150 米
枪口初速	500 米 / 秒
射速	650 发 / 分
弹容量	35 发

PPS 冲锋枪前侧方特写

枪体构造

PPS冲锋枪大部分部件用钢板冲压、焊接、铆接制成，具有结构简单、加工及操作方便等特点。PPS冲锋枪采用自由枪机式工作原理，开膛待击，只能连发射击。保险手柄位于机匣下方、扳机护圈的右侧，可将枪机锁定于前方或后方位置。PPS冲锋枪供弹方式为35发弧形弹匣，发射7.62毫米托卡列夫手枪弹或7.63毫米毛瑟手枪弹。PPS冲锋枪采用机械瞄准具，包括L形翻转式表尺、方形缺口式照门，射程锁定为100米和200米。

展开枪托的 PPS 冲锋枪

衍生型号

型号	特点
PPS-42	PPS 冲锋枪初期型
PPS-43	PPS-42 的改良型

PPS-43 冲锋枪

服役记录

从1943年开始直到二战后停产时为止，PPS冲锋枪共生产了约100万支，曾广泛装备于捷克、匈牙利、保加利亚等国家，波兰、芬兰、德国等国家也进行了仿制生产。目前，该枪已撤装，但一些国家的边防部队和警察仍在使用。

保存在博物馆中的 PPS 冲锋枪

10 秒速识

PPS冲锋枪是一款全金属制造的冲锋枪，只有扳机手柄镶有木头，采用金属架构成的折叠枪托。

PPS 冲锋枪上方视角

俄罗斯 PPD 冲锋枪

PPD冲锋枪是苏联在1934年的制造的一款7.62毫米口径冲锋枪。

研发历史

PPD是由苏联的设计师瓦西里·捷格加廖夫在1934年仿制德国的MP18"伯格曼"和MP28"伯格曼"冲锋枪改进而成的。1935年，PPD成为第一款于苏联红军之中服役的冲锋枪，并命名为PPD-34，在1938年至1940年之间，PPD通过进一步修改后被命名为PPD-34/38和PPD-40，并有细微的改变，主要目的是使其更易于生产。大规模

基本参数	
口径	7.62 毫米
全长	788 毫米
枪管长	273 毫米
空枪重量	3.2 千克
有效射程	200 米
枪口初速	490 米 / 秒
射速	800 发 / 分
弹容量	25/71 发

生产于1940年，该年生产了81118 支。由于PPD冲锋枪过于复杂和生产成本高昂，尽管于二战初期大量使用，但最终于1941年，它被更为优秀和便宜的PPSh-41取代。

装有弹鼓的 PPD 冲锋枪

枪体构造

　　PPD冲锋枪采用开放式枪机，使用者可以选择射击模式。其所使用的7.62×25毫米托卡列夫手枪弹是参考毛瑟C96手枪发射的7.63×25毫米毛瑟弹，可使用较为灵活的25发可拆卸式弹匣或容量较大的71发可拆卸式大型弹鼓供弹，该弹鼓仿制自芬兰M1931冲锋枪。

PPD 冲锋枪左侧方特写

服役记录

　　在经历苏芬战争后，新的PPD型号被迅速开发出来。被芬兰军队所缴获的PPD冲锋枪在冬季战争和二战中被沿海部队、国防民警卫队和预备役所使用，并且纳入库存直到1960年左右。

PPD-34 冲锋枪（上）与 PPD-34/38 冲锋枪（下）

10 秒速识

PPD冲锋枪使用木制枪托，枪械标尺上的参数非常特殊，为500米。

PPD 冲锋枪下方视角

俄罗斯 PP-91 冲锋枪

PP-91是苏联枪械设计师德拉贡诺夫研制的冲锋枪。

研发历史

20世纪90年代初期，伊热夫斯克兵工厂的设计师对PP-71冲锋枪（由叶夫根尼·德拉贡诺夫于20世纪70年代初期设计）进行了一些改进，生产出PP-91小型冲锋枪，该枪发射PM手枪弹，原型最早于1970年推出，但却在1990年才正式服役。

基本参数	
口径	9 毫米
全长	530 毫米
枪管长	120 毫米
空枪重量	1.57 千克
有效射程	70 米
枪口初速	310 米 / 秒
射速	1000 发 / 分
弹容量	20/30 发

博物馆中的 PP-91 冲锋枪

枪体构造

　　PP-91冲锋枪以反冲作用及闭锁式枪机运作，这种设计比起使用开放式枪机的枪械有着更高的精确度。其供弹具为20或30发容量的双排弹匣，枪上的可折式枪托可用以减轻后坐力。PP-91冲锋枪枪身重约1.57千克。其快慢机位于机匣右边，并能够切换为半自动和全自动两种射击模式，在全自动模式时此枪会以约800发/分的理论射速进行射击。与许多现代冲锋枪一样，PP-91也能够装置激光瞄准器和抑制器。

PP-91 冲锋枪及弹匣

性能解析

　　PP-91冲锋枪结构非常紧凑，重量较轻，其射速为800发/分，由于PM手枪弹很轻，在持续射击时很容易控制，因此很适合在逐屋清除的CQB行动中使用。

展开枪托的 PP-91 冲锋枪

衍生型号

型 号	特 点
PP-71	原型枪
PP-91-01	装有内部抑制器的版本
PP-9 Klin	为俄罗斯内务部生产的型号
PP-919 CEDAR-2	针对联邦税警服务而特别研制的
PKSK-10	发射 9×17 毫米枪弹的半自动型
ERC-9 Korsak	使用长枪管和发射 9×21 毫米枪弹的半自动原型枪

PP-91 冲锋枪前侧方特写

服役记录

PP-91冲锋枪目前被俄罗斯内务部、警察及多个执法机构所采用。

PP-91 冲锋枪上方视角

10 秒速识

PP-91全枪均由冲压钢板制作而成，当安装消声器时，KEDR须更换一种外表有螺纹的短枪管，安装消声器后全枪长度增加137毫米。

黑色涂装的 PP-91 冲锋枪

德国 HK MP5 冲锋枪

MP5冲锋枪是德国黑克勒·科赫公司（HK公司）研制的一款冲锋枪。

研发历史

MP5的设计源于1964年HK公司的HK54冲锋枪项目（"5"意为HK第五

基本参数	
口径	9 毫米
全长	680 毫米
枪管长	225 毫米
空枪重量	2.54 千克
枪口初速	375 米 / 秒
有效射程	200 米
射速	800 发 / 分
弹容量	15/30/100 发

MP5 冲锋枪前侧方特写

代冲锋枪，"4"意为使用9×19毫米子弹），该枪由HK G3自动步枪缩小而成。联邦德国政府采用后，正式命名为MP5。

枪体构造

MP5采用了与G3自动步枪一样的半自由枪机和滚柱闭锁方式，当武器处于待击状态在机体复进到位前，闭锁楔铁的闭锁斜面将两个滚柱向外挤开，使之卡入枪管节套的闭锁槽内，枪机便闭锁住弹膛。射击后，在火药气体作用下，弹壳推动机头后退。一旦滚柱完全脱离卡槽，枪机的两部分就一起后坐，直到撞击抛壳挺时才将弹壳从枪右侧的抛壳窗抛出。

MP5冲锋枪上方视角

性能解析

虽然有命中精度高、性能可靠、后坐力低及威力适中等优点，但MP5冲锋枪结构复杂，容易发生故障，单价高昂且空枪较新一代的冲锋枪重。MP5使用手枪子弹虽然在可能发生的混战或匪徒胁持人质的场面中防止误杀队友或人质，但无法有效贯穿防弹衣，而且射程不远，难以应付较远距离着防弹衣的敌人。

博物馆中的 MP5 冲锋枪

⬛⬛⬛▶ 衍生型号

型 号	特 点
MP5A 型号	原厂型号
MP5SF 型号	单发型号
MP5 特制型号	专为各国军队制造
MP5SD	消声型号

MP5SD 型号

服役记录

1977年10月17日，德国在摩加迪沙反劫机行动中使用了MP5，4名恐怖分子均被MP5击中，3人当即死亡，1人重伤，人质获救，MP5在近距离内的命中精度得到证明。此后，德国各州警察相继装备了MP5，而国外的警察、军队特别是特种部队都注意到MP5的高命中精度，于是出口逐渐增加。时至今日，MP5几乎成了反恐特种部队的标志。

MP5 冲锋枪后侧方特写

10 秒速识

标准型的MP5采用塑料固定枪托或金属伸缩枪托，合二为一的保险／快慢机位于机匣左侧。

MP5 冲锋枪右侧方特写

德国 HK UMP 冲锋枪

UMP（Universal Machine Pistol，意为"通用冲锋枪"）是由德国HK公司于1998年推出的一款冲锋枪。

研发历史

由于.45手枪口径的高制止力，美国的特种部队开始换装.45口径的手枪，以取代制止力不足的9毫米手枪，不过，特种部队的主要武器仍然采用9毫米口径的MP5冲锋枪，使用MP5对付较为难缠的敌人时，常常无法进行有效的压制，而且与手枪使用的.45 ACP弹药不同，增加了弹药后勤补给上的不便，于是他们希望能改用.45口径的冲锋枪作为制式武器，不过当时市面上并

基本参数	
口径	11.43 毫米
全长	450 毫米
枪管长	200 毫米
空枪重量	2.3 千克
枪口初速	285 米 / 秒
有效射程	100 米
射速	650 发 / 分
弹容量	25/30 发

没有适合特种作战的.45口径冲锋枪，于是，HK公司开发了一款全新的，口径为.45的冲锋枪—UMP冲锋枪。

装上战术组件的 UMP 冲锋枪

枪体构造

UMP冲锋枪在设计时采用了HK G36突击步枪的一些设计技术，不过仍保持了HK公司一贯的优良性能和质量。UMP冲锋枪舍弃了MP5冲锋枪传统的半自由式枪机，改用自由式闭锁枪机，以确保射击精度，并安装了减速器，把射速控制在600发/分，不过在发射高压弹时，射速会提高到700发/分。UMP的瞄具采用准星和照门，不过上机匣也装备有标准的M1913导轨，可自由装置各种瞄准镜，此外，UMP的护木左右两侧及下方都可以很方便地安装RIS导轨并安装各式配件。

UMP 冲锋枪前侧方特写

衍生型号

型号	特点
UMP45	采用自由式枪机
UMP40	在外形上和结构上与UMP45相差无几
UMP9	UMP的最新型号

UMP冲锋枪上方视角

服役记录

HK UMP冲锋枪目前已被美国海关和边境保护局等机构采用。

UMP冲锋枪左侧方特写

10 秒速识

UMP冲锋枪大量采用塑料材料，框架式枪托可折叠到机匣右侧，机匣上方有一个皮卡汀尼导轨。

折叠枪托后的 UMP 冲锋枪

德国 MP18 冲锋枪

MP18冲锋枪是德国枪械设计师雨果·施梅瑟在一战时研制的冲锋枪。

研发历史

一战后期，德国军队为打破堑壕战的僵局采用了一种名为"暴风突击队"的小分队"渗透突击战术"，当时机枪的重量不适合单兵携带，而战场上又需要近距离火力猛烈而又轻便可靠的单兵用轻武器，1917年德国终于研制出使用手枪子弹的自动武器配合渗透突破堑壕的突击战术，并定名为MP18，设计者为雨果·施梅瑟，后来经过改进而成为MP18I型，由伯格曼兵工厂生产。

基本参数	
口径	9 毫米
全长	832 毫米
枪管长	200 毫米
空枪重量	4.18 千克
枪口初速	380 米 / 秒
有效射程	100 米
射速	500 发 / 分
弹容量	32/50 发

装有弹鼓的 MP18 冲锋枪

枪机构造

　　MP18冲锋枪采用自由枪机原理、开膛待击方式，枪机通过机匣右侧的拉机柄，拉到后方位置卡在拉机柄槽尾端的卡槽内实现保险，这种保险方式并不安全，如果受到意外某种震动时拉机柄会从卡槽中脱出，导致枪机向前运动击发枪弹而走火。MP18冲锋枪最醒目的特征是枪管上包裹套筒，套筒上布满散热孔，连续射击有利散热。另外，MP18冲锋枪只能全自动射击。

MP18 冲锋枪右侧方特写

衍生型号

型号	特点
MP18	瑞士工业公司授权生产
MP28	在发射装置中增加了快慢机

MP18冲锋枪前侧方特写

服役记录

　　MP18冲锋枪的问世虽然对战局没有决定性影响，却引起协约国方面的注意。一战后签订的《凡尔赛条约》规定，作为战败国的德国，冲锋枪是禁止继续研发与制造的武器，战前生产的MP18只能交由德国警察使用。

MP18冲锋枪枪口特写

▌▌▌★▶ 10秒速识

因为安装上蜗牛型弹鼓后枪身重心左移，又改为容量20发直型弹匣供弹，枪身轴线和弹鼓供弹槽轴线的夹角呈90度垂直。

MP18冲锋枪及配件

德国 MP40 冲锋枪

MP40冲锋枪是在MP18冲锋枪的基础上改进而来的，也是二战期间德国军队使用最广泛、性能最优良的一款冲锋枪。

埃尔马兵工厂在1938年为德军研制新型冲锋枪时将MP36改进成并定型生产MP38以装备德军，但由于MP38的简易保险不可靠，受到大震动时较容易走火，须对保险装置进行改进。在战争期间制作精良的武器简化生产工艺以及降低生产成本是军方考虑的主要问题。为了进一步简化生产工艺，提高生产效率，1940年对其进行改进，并命名为MP40。该型枪用大量冲压、焊接工艺的零件代替MP38的机加工工艺的

基本参数	
口径	9 毫米
全长	832 毫米
枪管长	200 毫米
空枪重量	4.18 千克
枪口初速	380 米 / 秒
有效射程	100 米
射速	500 发 / 分
弹容量	32/50 发

零件，零件在各工厂分头生产，在总装厂统一装配，容易大批量生产。甚至一些非军工企业也能分包生产零部件。在1940年至1945年间，共生产了超过一百万支。

MP40 冲锋枪右侧方特写

枪体构造

MP40冲锋枪发射9毫米口径鲁格弹，采用开放式枪机原理，以直型弹匣供弹。在装甲车的射孔向外射击时，可利用枪管底部的钩状座固定在车体上。

MP40 冲锋枪分解图

衍生型号

型号	特点
MP36	早期试验型
MP38	MP36 改进型，正式生产版本
MP40	MP38 改进型，主要生产版本

MP40 冲锋枪及配件

服役记录

MP40冲锋枪在德军作战部队中非常受欢迎，在近距离作战中可提供密集的火力，不但装备了装甲部队和伞兵部队，在步兵单位的装备比率也不断增加，也是优先配发给一线作战部队的武器。

MP40 冲锋枪右侧方特写

10 秒速识

MP40冲锋枪采用圆管状机匣，摒弃枪身上传统的木制组件，握把及护木均为塑料制成。该枪的折叠式枪托使用钢管制成，可以向前折叠到机匣下方，以便于携带。

MP40 冲锋枪左侧方特写

英国"斯登"冲锋枪

"斯登"（Sten）冲锋枪是英国在二战时期大量制造及装备的9×19毫米冲锋枪。

研发历史

二战初期，英军没有制式冲锋枪，因此只能从美国购买"汤普森"冲锋枪装备部队。昂贵的代价促使得英国开始设计一种能使用9毫米口径子弹（包括从德国军队手中缴获的弹药）、轻巧又便宜的冲锋枪。于是，"斯登"冲锋枪应运而生。在20世纪40年代这种枪共制造了400多万支。

基本参数	
口径	9 毫米
全长	760 毫米
枪管长	196 毫米
空枪重量	3.18 千克
枪口初速	365 米 / 秒
有效射程	100 米
射速	500 发 / 分
弹容量	32 发

"斯登"冲锋枪左侧方特写

▌▌▌▶ 枪体构造

　　"斯登"冲锋枪发射9×19毫米手枪子弹，采用简单的内部设计，横置式弹匣、开放式枪机、反冲作用原理，弹匣装上后可充当前握把。使用9毫米口径弹药的斯登冲锋枪在室内与壕沟战中可以发挥持久火力，紧致的外形与轻巧的枪身让它具备绝佳的灵活性。

装备英军的"斯登"冲锋枪

▌▌▌▶ 性能解析

　　"斯登"冲锋枪的后坐力使它在战场上移动攻击时非常有利，在近战中是一种优秀的武器，也是战场上适宜装备突击队员的武器。然而，该枪却极易因供弹可靠性差而出现严重卡弹问题，命中率也不佳，而且保险区可靠性太差也经常出现走火问题。许多前线士兵替它取了很多如"水管工人的杰作"等恶毒的称号。

"斯登"冲锋枪右侧方特写

衍生型号

型号	特点
Mk I	"斯登"冲锋枪第一种版本，造工较好
Mk II	大量生产的版本
Mk III	采用固定焊接枪管，一体化机匣及退弹口
Mk IV	没有推出的缩短试验型
Mk V	加装木制主握把及前握把
Mk VI	"斯登"冲锋枪的最后一种改进型

Mk III 型号

服役记录

　　"斯登"冲锋枪在法国抵抗组织及其他地下部队中十分流行，消声型版本更是成为二战时期英国陆军特勤空勤团用来渗透敌方时所装备的特种武器。

"斯登"冲锋枪前侧方特写

　　"斯登"冲锋枪枪身铭文标子弹匣槽上方，弹匣扣也位于弹匣槽上方。该枪的勺子状枪口制退器、扳机系统外的木制包装和可折叠前握把与其他冲锋枪不同，可作为其独特标识。

"斯登"冲锋枪不同角度特写

英国"斯特林"冲锋枪

　　"斯特林"冲锋枪是英国斯特林军备公司于20世纪40年代研制的冲锋枪。

研发历史

1945年—1953年，为更替原有的老式武器，英国举行了装备选型试验，"斯特林"冲锋枪在试验中以明显优势战胜了其他竞争对手，成为英国的基本防御武器之一。从1953年英国军方开始采用"斯特林"冲锋枪以来，之后经过数次改良，如在1955年，出现了经过小改良的L2A2，而在1956年，出现了经过再度改良的L2A3，并且都成为英国军方的制式武器。

基本参数	
口径	9 毫米
全长	686 毫米
枪管长	196 毫米
空枪重量	2.7 千克
枪口初速	400 米 / 秒
有效射程	100 米
射速	550 发 / 分
弹容量	32 发

"斯特林"冲锋枪左侧方特写

枪体构造

"斯特林"冲锋枪大量采用冲压件，同时广泛采用铆接、焊接工艺，只有少量零件需要机加工，工艺性较好。该枪采用自由枪机式工作原理，开膛待击，前冲击发。使用侧向安装的34发双排双进弧形弹匣供弹，可选择单、连发发射方式，在护木前端的下方，可以装置刺刀。该枪的枪管固定方式非常特别：即枪管尾部靠弹膛外缘定位；枪管口部插入枪管固定座，利用两个内六角螺钉将枪管固定。这种固定方式零件虽多，但加工精度要求不高，也没有一般冲锋枪常见的要求较高的节套加工和装配问题，装配和拆换枪管都比较方便。需要更换枪管时，先要分解冲锋枪，取出枪机和复进机，并取下抛壳挺，松开枪口的两个螺钉后，枪管即可从机匣尾部取出。

"斯特林"冲锋枪前侧方特写

▌▌▌▌▶ ★ 衍生型号

型 号	特 点
派屈特冲锋枪	原型枪
L2A1	"斯特林"Mk II
L2A2	"斯特林"Mk III
L2A3	"斯特林"Mk IV

"斯特林"L2A3 冲锋枪

服役记录

　　"斯特林"冲锋枪参与的战役有包括市场花园作战计划、冷战、马尔维纳斯战役、爱尔兰独立问题、海湾战争、伊拉克战争、2011年利比亚内战等。由于性能优异，"斯特林"冲锋枪一直获多国的军队、保安部队、警队选择作为制式枪械使用。虽然，"斯特林"冲锋枪正在大量地被更优秀的冲锋枪取代，但是某些担任特种任务的部队仍然使用该枪。

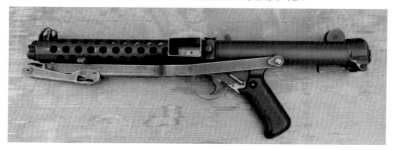

"斯特林"冲锋枪上方视角

10秒速识

　　"斯特林"冲锋枪枪托为金属冲压的下折式枪托，有独立的小握把，枪托展开后成稳定的空心三角形状。瞄准装置采用觇孔式照门和L形翻转表尺，瞄准基线比较长。

黑色涂装的"斯特林"冲锋枪

法国 MAT-49 冲锋枪

MAT-49冲锋枪是由法国日蒂勒兵工厂制造、法国军队在1949—1979年期间使用的冲锋枪。

<table>
<tr><th colspan="2">基本参数</th></tr>
<tr><td>口径</td><td>9 毫米</td></tr>
<tr><td>全长</td><td>460 毫米</td></tr>
<tr><td>枪管长</td><td>230 毫米</td></tr>
<tr><td>空枪重量</td><td>3.5 千克</td></tr>
<tr><td>有效射程</td><td>200 米</td></tr>
<tr><td>射速</td><td>600 发 / 分</td></tr>
<tr><td>弹容量</td><td>20/32/35 发</td></tr>
</table>

研发历史

1949年，在评估几种原型枪之后（包括可折叠设计的霍奇基斯），法国的日蒂勒（MAT）工厂就开始生产MAT-49式9毫米冲锋枪。20世纪60年代中期，改为圣-艾蒂安（MAS）生产此武器，直到1979年，法军开始装备新型FAMAS 5.56×45毫米无托结构突击步枪，此枪也在之后被大量取代，但仍然在法国预备役部队和执法机关等组织之中大量使用。

枪体构造

MAT-49冲锋枪的部件大都采用钢板冲压成型制造方式，简化了生产工艺。弹匣及弹匣插座可以充当前握把，可以向前以45度角折叠，然后和枪管向前平行，这种设计适合伞兵安全携带。有一些警用型因为生产问题而延长了枪管和改用不可伸缩的木制枪托。MAT-49采用了两种不同容量的弹匣，一种是适合在沙漠使用20发可拆卸式弹匣，另一种是类似"斯登"冲锋枪的32发可拆卸式弹匣。

MAT-49冲锋枪右侧方特写

MAT-49冲锋枪示意图

▶ 衍生型号

型　号	特　点
MAS-48	原型枪
MAT-49	主要型号
MAT-49/54	宪兵用衍生型，具有延长的枪管和固定式枪托
MAT-49 消声型	装上了消声器的衍生型

MAT-49 冲锋枪前侧方特写

||||> **服役记录**

　　MAT-49曾被法军广泛使用，例如第一次印度支那战争和阿尔及利亚战争以及1956年的苏伊士运河危机。尤其是因为它具有外形紧凑，火力持久等优点，被大量空军和机械化部队所青睐。

MAT-49 冲锋枪及其他配件

10 秒速识

　　MAT-49具有一个钢条制造的可伸缩式枪托，当枪托伸展后长度为720毫米，而枪管长度是230毫米。

MAT-49 冲锋枪分解图

意大利伯莱塔 M12 冲锋枪

　　伯莱塔M12冲锋枪是意大利伯莱塔公司于1958年研制的一款冲锋枪。

▶ 研发历史

20世纪50年代后期，意大利伯莱塔公司开始研制一种新型冲锋枪——伯莱塔M12。伯莱塔M12冲锋枪1961年开始成为意大利陆军的制式冲锋枪，也是部分非洲及南美国家的制式武器，巴西及印尼也获授权特许生产。

基本参数	
口径	9 毫米
全长	660 毫米
枪管长	180 毫米
空枪重量	3.48 千克
枪口初速	380 米 / 秒
有效射程	200 米
射速	550 发 / 分
弹容量	20/32/40 发

伯莱塔 M12 冲锋枪右侧方特写

▶ 枪体构造

伯莱塔M12冲锋枪采用环包枪膛式设计。枪管内外经镀铬处理，长200毫米，其中150毫米由枪机包覆，这种设计有助于缩短整体长度。该枪可以全自动和单发射击，后照门可设定瞄准距离为100米或200米。伯莱塔M12拥有三个安全系统：手动扳机阻止装置、能自动令枪机停止在闭锁安全位置的按钮式枪机释放装置以及必须在主握把下以中指完全地按实的手动安全装置（握把式保险）。

伯莱塔 M12 冲锋枪上方视角

型号	特点
伯莱塔 M12S	1978 年推出，M12 的口径相同，但改用 32 发弹匣

伯莱塔 M12S 型号

▮▮▮▮▮❯ **10秒速识**

伯莱塔M12冲锋枪机匣上方标有"P.M.BERETTA Mod 12-CA19mm Parabellum"和序列号，弹匣扣位于弹匣槽后方。

单手握持下的伯莱塔 M12 冲锋枪

以色列"乌兹"冲锋枪

"乌兹"冲锋枪是由以色列国防军军官乌兹·盖尔于1948年开始研制的一款轻型冲锋枪。

研发历史

　　"乌兹"冲锋枪由以色列国防军上尉（后升至少校）乌兹·盖尔（Uziel Gal）于第一次中东战争后的1948年开始设计，1951年生产，在1956年第二次中东战争中服役并取得令人满意的效果，其后开始量产。

基本参数	
口径	9 毫米
全长	650 毫米
枪管长	260 毫米
空枪重量	3.5 千克
有效射程	120 米
枪口初速	400 米 / 秒
射速	600 发 / 分
弹容量	20/32/40/50 发

"乌兹"冲锋枪前侧方特写

枪体构造

　　"乌兹"冲锋枪最突出的特点是和手枪类似的握把内藏弹匣设计，能使射手在与敌人近战交火时迅速更换弹匣（即使是黑暗环境），保持持续火力。不过，这个设计也影响了枪的高度，导致卧姿射击时所需的空间更大。"乌兹"冲锋枪有一种专为以色列反恐特种部队特别设计的型号——伞兵微型"乌兹"，口径为9毫米，机匣顶部及底部加装战术导轨，改为倾斜式握把以对应格洛克18手枪的33发弹匣。

黑色涂装的"乌兹"冲锋枪

性能解析

　　"乌兹"冲锋枪是一款有着简单的结构及易于生产的冲锋枪，轻便、操作简易及低成本令"乌兹"冲锋枪成为一种十分有效的近战武器，尤其是用于清除室内、碉堡及战壕里有生目标，也是装备机械化部队的自卫武器。

"乌兹"冲锋枪上方视角

衍生型号

型号	特点
迷你"乌兹"	由标准型缩短而成
微型"乌兹"	比迷你"乌兹"进一步缩小
伞兵微型"乌兹"	为以色列反恐部队特别设计
"乌兹"手枪	微型"乌兹"的半自动手枪版本
"乌兹"卡宾枪	标准型"乌兹"冲锋枪的半自动版本
迷你"乌兹"卡宾枪	迷你"乌兹"冲锋枪的半自动版本

"乌兹"冲锋枪后侧方特写

服役记录

当时的"乌兹"冲锋枪是军官、车组成员及炮兵部队的自卫武器，亦是精英部队的前线武器，六日战争时的以色列士兵认为"乌兹"冲锋枪的紧凑外形及火力十分适合清除叙利亚及约旦士兵所建的碉堡。直至今天，虽然以色列的常规部队已将"乌兹"冲锋枪除役，但特种部队仍然在执行任务时将其作为近战武器，而以色列军事工业（IMI）仍在生产部件出口。除以色列外，美国一些执法部门、特警队、私人保安部队及美军以至美国特勤局(已被P90及MP5取代)都装备有"乌兹"冲锋枪。

"乌兹"冲锋枪不完全分解

10 秒速识

"乌兹"冲锋枪采用握把式保险（位于握把背部），握把内藏弹匣。

"乌兹"冲锋枪右侧方特写

芬兰索米 M1931 冲锋枪

索米M1931冲锋枪是芬兰在二战期间设计的一款冲锋枪。

研发历史

索米M1931冲锋枪的制造商是枪械设计大师埃莫·拉赫蒂，V.科佩拉上尉，Y·科什基宁中尉和L.布瓦耶-斯普夫中尉创立的Konepistooli Oy（芬兰语之"冲锋枪公司"）。"索米"（Suomi）在芬兰语中意为"芬兰"，因此有时索米M1931冲锋枪也被称为芬兰冲锋枪。索米M1931的设计者为科什基宁与拉赫蒂。1931年，索米M1931正式投入量产。

基本参数	
口径	9 毫米
全长	870 毫米
枪管长	314 毫米
空枪重量	4.6 千克
有效射程	200 米
枪口初速	396 米 / 秒
射速	900 发 / 分
弹容量	20/36/40/50 发

带有弹鼓的索米 M1931 冲锋枪

枪体构造

索米M1931的自动方式为传统的自由枪机、开膛待击。在射击中，传统的冲锋枪的枪栓会随着枪机往复运动，而索米M1931的特别之处在于其枪栓拉上之后即固定不动封闭枪膛，从而避免杂物进入枪膛造成故障。索米M1931枪机前有一个固定击针，枪机后端有一个复进簧孔，保险和快慢机位于扳机护圈的前方，扳到最前方位置为连发射击，中间位置为单发射击，最后方为保险。在保险位置时，可将枪机锁定于前方或后方位置。该枪配用20发、36发、40发、50发弹匣，以及40发或71发弹鼓。

索米 M1931 冲锋枪及配件

性能解析

索米M1931冲锋枪被许多人认为是二战期间最成功的冲锋枪之一，其众多设计技术被后来的冲锋枪所借鉴。

索米M1931冲锋枪由于枪管较长，做工精良，所以其射程和射击精准度比大批量生产的PPSh-41冲锋枪高出很多，而射速和装弹量则与PPSh-41冲锋枪一样。它最大的弊端在于过高的生产成本，

索米 M1931 冲锋枪及弹鼓

所采用的材料是瑞典的优质铬镍钢，并以狙击步枪的标准生产，费工费时。苏芬战争期间，索米M1931冲锋枪有过一些改进，例如加入枪口制退器。

▌▌▌▌▶ ★ 服役记录

　　索米M1931在芬兰军队中服役到1945年，之后绝大部分被改装，以便使用卡尔·古斯塔夫弹匣。除了芬兰外，瑞典和瑞士军队也装备过该枪。目前，该枪已停止生产，并已从部队中撤装。

索米 M1931 冲锋枪上方视角

▌▌▌▌▶ ★ 10 秒速识

　　索米M1931冲锋枪枪托为木质枪托，有的还配用两脚架。该枪采用机械瞄准具。准星为片状，表尺为弧形座式。

索米 M1931 冲锋枪左侧方特写

波兰 PM-63 冲锋枪

PM-63冲锋枪是波兰制造的一款小型冲锋枪。

研发历史

PM-63冲锋枪于1963年完成开发，主要用于个人防卫及150米内的近身战斗，发射9×18毫米枪弹，可选择全自动或半自动（单发）射击模式。

基本参数	
口径	9 毫米
全长	333 毫米
枪管长	150 毫米
空枪重量	1.6 千克
有效射程	150 米
枪口初速	320 米 / 秒
射速	650 发 / 分
弹容量	15/25/40 发

PM-63 冲锋枪上方视角

▍▍▍★▶ 枪体构造

　　PM-63冲锋枪的特色在于具有类似一般手枪的套筒设计并采用反冲式操作，且为降低连射射速，在滑套后端设有一个速率降低装置。而其突出于枪支前端的滑套部分可兼做枪口抑制器用，单手便可进行射击准备，只要将滑套向后退，使枪机呈现开放状态便可准备射击。PM-63冲锋枪在枪口下方设有折叠式握把，而扳机也附有重量极轻的伸缩式枪托。此枪扳机本身即为射击模式切换器，扳机扣到一半时进行半自动射击，全扣时则进行全自动连续射击。握柄则兼作弹匣插座用，而弹匣有大型40发容量及小型25发、15发容量三种。

PM-63 冲锋枪不完全分解

▶ 性能解析

　　PM-63冲锋枪的外形尺寸和全枪质量体现了个人防卫武器短小精悍的特点，尽管该枪在设计上有不少亮点，但其结构复杂，零件加工较困难，生产成本较高，前握把及枪托的设计出现的问题更为明显。由于25发容弹量的弹匣过长，士兵在携枪时不得不将弹匣从枪上取下单独携带。这个缺陷可以说是致命的，当敌我双方同时发现目标时，该枪不能立即转入战斗状态。

PM-63 冲锋枪握把特写

▶ 衍生型号

型 号	特 点
PM-70	改为 9X19 毫米口径试验型版本
消声型	加装消声器

PM-63 冲锋枪及枪套

服役记录

PM-63冲锋枪主要提供给重型装备士兵、特种部队、特种反恐部队及警队使用，并曾出口给华沙公约诸国。

黑色涂装的 PM-63 冲锋枪

10 秒速识

PM-63冲锋枪折叠式握把位于扳机前方，并装备可伸缩的双支柱金属枪托。

PM-63 冲锋枪特写

韩国 K7 冲锋枪

K7冲锋枪是由韩国大宇集团制造的一款微声冲锋枪。

研发历史

K7冲锋枪于20世纪90年代开始设计，并在2001年定型。在1988年汉城奥运会举办的前后，韩国也引进了"反恐特种部队"这一概念，并开始运用德国HK MP5冲锋枪系列。1997年，韩国因为受到亚洲金融危机的影响，引进当时昂贵的MP5冲锋枪是个不小的负担，这时候，大宇集团号称要开发出"性能与MP5SD一样出色，而且价格便宜的9毫米口径"冲锋枪。在此背景下，衍生出了K7冲锋枪。

基本参数	
口径	9 毫米
全长	800 毫米
枪管长	788 毫米
空枪重量	3.4 千克
有效射程	150 米
枪口初速	343 米 / 秒
射速	1100 发 / 分
弹容量	30 发

K7 冲锋枪后侧方特写

枪体构造

　　K7冲锋枪以气动式自动原理步枪为蓝本，移除气动式结构，并且转换成发射9毫米口径弹药。K7冲锋枪使用滚轮延迟反冲式系统，射击精度较高。该枪装有整体微声器，使用亚音速的9×19毫米鲁格弹，以大幅减少射击时的噪声。K7冲锋枪采用专用的30发可拆卸式直弹匣，也可使用"乌兹"冲锋枪的20发、25发、32发、40发或50发可拆卸式弹匣。K7冲锋枪有三种发射模式，分别是"半自动""三连发"和"全自动"。由于微声器将枪声变得扭曲，敌人很难听出K7冲锋枪发射的声音。同时，微声器也将枪口焰消除，即使在夜间也难以被发现。

博物馆中的 K7 冲锋枪

▶ 性能解析

　　K7的后坐力不大，集弹性也不错。相对于MP5系列冲锋枪，K7的价格也比较便宜，其射击时所引发的噪声在111至120分贝之间。

K7冲锋枪上方视角

▶ 服役记录

　　2003年在阿拉伯联合酋长国的"国际防务展览及会议"上首次展出K7冲锋枪，现已被韩国和印度尼西亚等国的特种部队采用。

K7冲锋枪左侧方特写

10 秒速识

　　由于K7以K1卡宾枪为基础，因此机匣外部、伸缩式枪托、手枪握把、扳机等都与K1相同，其前方的整体式微声器是最大特色。

K7冲锋枪前侧方特写

参考文献

[1] 刘青山. 手枪与冲锋枪[M]. 北京：清华大学出版社，2017.

[2] William Fowler. 世界手枪与冲锋枪百科全书[M]. 北京：机械工业出版社，2014.

[3] 火线精英. 世界武器大揭秘 枪械百科全书[M]. 北京：机械工业出版社，2016.

[4] 文娟. 武器百科[M]. 北京：中国华侨出版社，2013.